PETITE PHILOSOPHIE
À L'USAGE
DES NON-PHILOSOPHES

DU MÊME AUTEUR

The Genetic Structure of Populations
Springer Verlag, New York, 1974

Concepts en génétique des populations
Masson, Paris, 1977

Éloge de la différence — La Génétique et les hommes
Le Seuil, Paris, 1978

Au péril de la science
Le Seuil, Paris, 1982

Moi et les autres
Le Seuil, coll. « Point-virgule », Paris, 1983

Inventer l'Homme
Éd. Complexe, Bruxelles, 1984

Cinq milliards d'hommes dans un vaisseau
Le Seuil, coll. « Point-virgule », Paris, 1987

Idées reçues
(avec Hélène Amblard)
Flammarion, Paris, 1989

Abécédaire de l'ambiguïté
Le Seuil, coll. « Point-virgule », Paris, 1989

Voici le temps du monde fini
Le Seuil, Paris, 1991

La Légende de la vie
Flammarion, Paris, 1992

E = CM2
Le Seuil, coll. « Point-virgule », Paris, 1993

L'Explosion démographique
Flammarion, coll. « Dominos », Paris, 1993

Absolu
(entretiens avec l'abbé Pierre,
animés par Hélène Amblard)
Le Seuil, Paris, 1994

Les Hommes et leurs gènes
Flammarion, coll. « Dominos », Paris, 1994

J'accuse l'économie triomphante
Calmann-Lévy, Paris, 1995

La Matière et la Vie
Milan, coll. « Les Essentiels », Paris, 1995

Le Souci des Pauvres
Calmann-Lévy, Paris, 1996

Albert Jacquard
avec la participation de Huguette Planès

PETITE PHILOSOPHIE
À L'USAGE
DES NON-PHILOSOPHES

QUÉBEC·LIVRES

ISBN 2-9205-9617-9

PRÉFACE

Ce livre est le prolongement d'une rencontre, ma rencontre en janvier 1995 avec les élèves des classes de terminale d'Albi. Ils étaient réunis au théâtre municipal, à l'initiative d'Huguette Planès, professeur de philosophie au lycée Rascol. Le thème qu'elle m'avait demandé de traiter devant eux était bien ambitieux : « Vers une humanité adulte ». À vrai dire, devant ces jeunes si attentifs, dont les interrogations sont si diverses, dont l'inquiétude est si torturante, je n'avais cherché qu'à apporter un peu de lucidité sur la réalité de notre monde. Une lucidité qui, dans l'immédiat, ne leur donne guère de raisons de se réjouir : ils sont à l'âge où la société devrait les accueillir à bras ouverts ; or elle se présente face à eux comme une forteresse bouclée, cadenassée, où on ne leur propose de pénétrer qu'en acceptant les contorsions d'un parcours sinueux imposé.

Leur désarroi est d'autant plus dramatique qu'ils entrent dans une humanité dont les conditions de vie et de survie viennent de se transformer. Je suis né sur une planète portant deux milliards d'hommes ; eux appartiennent à une humanité qui en compte six, et en comptera probablement dix lorsqu'ils auront atteint mon âge. Lorsque je suis né, aucun avion n'avait encore traversé l'océan; aujourd'hui, New York est à moins de quatre heures de Paris. Les moyens de destruction utilisés au cours de l'horrible « Grande Guerre » semblaient effroyables, mais ils paraissent aujourd'hui bien dérisoires face aux fusées nucléaires dont nous disposons. Que ce soit l'effectif des hommes ou leurs pouvoirs, tout est différent. Comment retrouver des repères lorsqu'on est plongé dans un tel bouleversement apparent?

Encore n'est-ce là que le moins important; car la transformation la plus décisive est celle de notre regard sur le monde, ce monde qui nous entoure et dont nous faisons partie. En moins d'un siècle, la science a totalement renouvelé les concepts de temps, de matière, de vie, de hasard, de personne — ces concepts qui sont l'objet, depuis longtemps, de la réflexion philosophique. La science nous a appris que l'univers n'était pas stable, qu'il avait une origine — le big bang — ; elle nous a montré que tous les êtres dits « vivants » se construisaient à partir d'une information inscrite au moyen d'un code unique sur une molécule d'ADN; elle nous a fait pénétrer dans le mystère des particules élémentaires dont le comportement défie notre logique. Certes, ce renouvellement est dérangeant pour notre confort intellectuel, mais il est à la source d'un émerveillement, d'une « nouvelle alliance » entre le monde et l'homme. C'est de la recherche de cette voie autre que j'ai parlé aux lycéens d'Albi.

N'est-ce pas déjà faire de la philosophie? Car la philosophie, entretenant un questionnement émerveillé devant le monde, devant l'homme, devant l'être, devant la conscience d'être, incite à l'insolence face au carcan des conventions et des conformismes. Elle est le meilleur rempart contre la barbarie. Or cette barbarie s'insinue sournoisement dans notre société, par mille canaux.

Pour mener cette lutte, les philosophes ont aujourd'hui besoin du renfort de toutes les disciplines, et particulièrement des disciplines scientifiques. Si la philosophie est un

combat contre l'ignorance, elle ne peut pas ignorer la
science dont c'est tout autant la fonction. Il n'est guère raisonnable de présenter l'un sans l'autre les deux membres
de cet attelage. Malheureusement, dans ce monde qui se
transforme, où l'important est la capacité à imaginer, à
inventer, l'enseignement ne s'est pas adapté à nos besoins
nouveaux et à nos connaissances nouvelles. La philosophie reste séparée de la science.

Huguette Planès a mis tant de conviction à m'exposer
la nécessité de les allier, qu'elle m'a convaincu de participer à un dialogue où le généticien se prêterait au
questionnement du professeur de philosophie. Quelles
réponses apporterait-il aux questions traditionnelles de
la philosophie ?

Voici l'aboutissement de ce dialogue.

Je m'y suis prêté d'autant plus volontiers qu'est vif chez
moi le besoin du questionnement, de l'échange, de la
mise au point d'un regard scrutateur sur le monde, sur les
autres, sur moi-même. De ce questionnement, je suis
avide comme d'une drogue ; mais une drogue bénéfique
dont l'effet est de m'ouvrir au monde, au contraire des
drogues destructrices qui enferment dans une sensation
fugitivement agréable et solitaire.

Ce besoin ne m'a pas été apporté seulement par des
personnages catalogués comme « philosophes » ; ce
mot désigne trop souvent une corporation, avec ses
mécanismes d'entrée, ses rites de passage, ses querelles
internes, ses règles de préséance. De l'extérieur, je respecte leurs exigences, mais elles ne me concernent pas.
Ceux qui m'ont introduit au pays de Socrate étaient
parfois mathématiciens — Henri Poincaré démontrant
l'impossibilité de résoudre le problème des « trois
corps » —, parfois peintres — Van Gogh communiquant
son vertige devant un bouquet de tournesols —, parfois poètes — Rimbaud faisant partager son besoin
d'absolu —, parfois musiciens — Schubert confrontant la
jeune fille à la mort —, parfois mystiques — François

d'Assise s'adressant d'égal à égal à sa petite sœur l'eau —, et parfois aussi, soyons juste, philosophes professionnels.

Lorsque Huguette Planès m'a proposé d'écrire avec elle ce livre, j'ai retrouvé mon enthousiasme d'élève ; face aux questions qu'elle, le professeur, me posait, j'ai tenté de répondre en utilisant ce que mon parcours de vie — qui est loin d'être celui d'un philosophe — a déposé en moi. Pour bien marquer que je ne prétendais pas explorer le domaine de la philosophie dans son ensemble, mais simplement y parcourir quelques sentiers, nous avons décidé de présenter ce dialogue sous la forme d'un abé-cédaire ; le choix des thèmes a quelque chose de délibé-rément arbitraire, aléatoire, partiel ; certains n'y figurent que pour respecter les contraintes de l'alphabet (ainsi l'entrée « Koweït ») ; innombrables sont ceux qui man-quent. Ce livre est donc moins fait pour être lu de A à Z que pour faciliter quelques promenades sans but, au gré des questions rencontrées ; il ne s'adresse pas aux spécia-listes de la philosophie mais aux non-philosophes dési-reux de rechercher un sens à ce monde qui semble n'en guère avoir et qui offre plus de raisons d'incertitude que de motifs d'affirmations.

En formulant ces réponses, je me suis adressé sponta-nément, sans toujours en avoir conscience, à l'adolescent que j'ai été, à qui je voudrais tant expliquer ce qu'alors je n'avais pas compris et qu'il aurait été si important que je comprenne.

Toi qui as cet âge de l'adolescence, que je ne regrette pas de ne plus avoir, peut-être n'as-tu ouvert ce livre qu'en raison d'un prochain examen, un quelconque bac qui affiche la philo à son programme. J'aimerais que mon dia-logue avec Huguette Planès te soit utile non seulement pour préparer cette épreuve, mais pour faire progresser ta réflexion personnelle. Oublions ces examens qui agissent comme des aimants pernicieux en orientant les efforts vers ce qui permet la « réussite ». En réalité, ils ne sont que des événements anecdotiques, de peu d'importance à côté de l'enjeu essentiel : construire cet outil fabuleux qu'est notre intelligence. Avec les scientifiques, les philosophes sont, pour cette prodigieuse aventure, parmi les aides les plus précieux.

Quelle chance tu as, toi qui entres sur une terre des hommes où tout est à repenser, à réorienter, à recréer ! Mais avant d'agir, il faut s'informer, il faut regarder avec lucidité une réalité pas toujours agréable, il faut prendre conscience de la possibilité, mais aussi de la difficulté, de transformer cette réalité. Chacun peut y contribuer ; l'important est de se sentir en charge du monde de demain.

REMERCIEMENTS

Ce livre est le fruit de plusieurs rencontres, imaginaires ou réelles.

Rencontres avec des penseurs disparus auxquels je voudrais rendre hommage. À Marx qui redonne l'espoir : l'inégalité des talents est bien le produit de structures sociales historiquement constituées et non de la « nature » humaine ; c'est le fondement même de la démocratie. À Nietzsche qui invite l'homme à se dépasser lui-même, à se réinventer. À Bachelard, poète « et » scientifique, parce qu'il refuse tout dogmatisme et réhabilite l'imagination, créatrice de réalité, seule capable de nous ouvrir à une vie nouvelle. À Arendt parce qu'elle réhabilite, « elle », l'action politique, et souligne combien il est essentiel de constituer un espace public où le débat soit un exercice permanent, seul antidote à la manipulation d'opinion. À Levinas à l'égard duquel nous serons éternellement reconnaissants d'avoir analysé avec autant de patience et de talent cet événement extraordinaire qu'est la rencontre d'autrui, et d'avoir mis au premier plan l'exigence éthique. À Gilles Deleuze pour qui la philosophie était une réflexion sur l'existence et sur les pratiques en général et non un exercice « intellectuel », qui a osé sortir de la salle de classe pour installer la philosophie dans la vie elle-même et osé dire qu'elle était une chose concrète et, qui plus est, amusante : « C'est la guerre des joies contre celle des tristesses. » À Foucault, le philosophe qui refusait toute forme d'exclusion et combattait toute forme d'oppression. À Châtelet, enfin, « le prof », dont le souci constant était de démocratiser la philosophie.

Rencontre avec Albert Jacquard, le savant, le pédagogue, le combattant de la bêtise, le conférencier communicatif, « magique », à l'écoute de tout et de tous. Je tiens à le remercier chaleureusement de m'avoir fait confiance et d'avoir entretenu — sans jamais faillir — la complicité nécessaire à toute réalisation.

Je remercie enfin mon père pour son aide matérielle et pour sa patience, et qui a tant de fois « remis son travail sur le métier ».

Huguette Enjalran-Planès

Les astérisques dans le texte renvoient au glossaire à la fin de l'ouvrage.

Autrui

« Apprendre à vivre ensemble comme des frères, sinon nous allons mourir ensemble comme des idiots. »

MARTIN LUTHER KING

Des générations d'élèves de philosophie ont appris la phrase célèbre de Sartre : « L'enfer, c'est les autres. » Comment rétorquez-vous ?

En remarquant que, loin d'exprimer l'opinion de l'auteur, cette phrase n'est qu'une réplique en situation dans une pièce de théâtre. Elle ne représente que le constat d'un personnage commençant son séjour en enfer. S'il avait été reçu au paradis, sans doute aurait-il déclaré : « Le paradis, c'est les autres. » Mais s'il avait continué sa vie terrestre, il aurait dû constater que « l'enfer, c'est d'être exclu par les autres ». Les autres ne sont pas notre enfer parce qu'ils sont autres ; ils créent notre enfer lorsqu'ils n'acceptent pas d'entrer en relation avec nous.

Je crois à la nécessité du rapport à l'autre non seulement pour être heureux, mais bien plus fondamentalement pour être conscient.

Voulez-vous dire que vous ne pourriez exister sans les autres ?

Certes, seul, je pourrais exister, mais je ne pourrais pas le savoir. Ma capacité à penser et à dire « je » ne m'a pas été fournie par mon patrimoine génétique; ce que celui-ci m'a donné était nécessaire, mais non suffisant. Je n'ai pu dire « je » que grâce aux « tu » entendus. La personne que je deviens n'est pas le résultat d'un cheminement interne solitaire; elle n'a pu se construire qu'en étant au foyer des regards des autres. Non seulement cette personne est alimentée par tous les apports de ceux qui m'entourent, mais sa réalité essentielle est constituée par les échanges avec eux; *je suis les liens que je tisse avec les autres*. Avec cette définition, il n'y a plus de coupure entre moi et autrui.

Il reste pourtant qu'autrui, par définition, est « autre ».

C'est justement *parce qu'*il n'est pas identique à moi qu'autrui participe à mon existence. Une charge électrique n'est définissable qu'en présence d'une autre charge. C'est cette coexistence qui est source de tension; elle initie une dynamique, celle de la communication. Communiquer, c'est mettre en commun; et mettre en commun, c'est l'acte qui nous constitue. Si l'on estime que cet acte est impossible, on refuse tout projet humain.

Reste évidemment à surmonter les difficultés qui font de chaque communication un exploit. Il n'est sans doute pas possible d'atteindre une authenticité synonyme de compréhension totale. Les moyens utilisés pour communiquer ne peuvent être parfaits. La chaîne : pensée — phrase dite pour exprimer cette pensée — phrase entendue — pensée reconstituée à partir de cette écoute — comporte de multiples occasions d'erreurs ou d'imprécisions.

Par exemple, la phrase : « Le petit chat est mort », dans la pièce de Molière, est le cas limite d'une information apparemment objective, dépourvue de toute ambiguïté, et qui pourtant, par association d'idées, provoque des inquiétudes d'une nature plus grave que la mort du petit chat. En fait toute phrase, même si elle se résume à un sujet, un verbe et un complément, est porteuse d'un message qui la dépasse, compte tenu du contexte et de la

façon dont elle est émise. Elle contient certes une information, mais elle participe simultanément à une communication ; ce qui implique au moins deux personnes, et
par conséquent intervention simultanée de celui qui
émet et de celui qui reçoit.

Autrement dit, un mot n'a de sens que dans un certain
contexte. Ce contexte ne peut être le même, par exemple,
pour un jeune et pour un adulte. Il faut donc admettre que
l'outil de la communication est imparfait. Il n'y a pas de
recette pour y remédier, sinon la conscience, de part et
d'autre, de cette difficulté et la volonté de la surmonter en
n'enfermant pas l'interlocuteur dans les phrases qu'il a
prononcées.

On peut, tout au moins, espérer que ces difficultés
inhérentes au procédé d'échange ne seront pas accrues
par l'attitude des personnes en cause. Si le mensonge ou
la mauvaise foi s'insèrent dans le processus, il n'y a plus
échange, mais manipulation réciproque.

Mensonge, mais aussi humiliation. N'est-ce pas encore pis ?

La condition première de toute communication est en
effet le respect. Respecter autrui, c'est le considérer
comme une partie de soi, ce qui correspond à une évidence si l'on accepte la définition : « Je suis les liens que
je tisse avec d'autres. » Du coup, l'éthique ne consiste plus
à formuler des préceptes qui tomberaient du ciel, elle est
la conséquence de la prise de conscience de ce que nous
sommes et de ce qui nous fait.

*Jean Jaurès tenait à ne pas confondre respect et tolérance.
Il pensait que le mot tolérance était dangereux, en tout cas
insuffisant, condescendant voire injurieux : « On vous tolère ! »*

La tolérance est une attitude très ambiguë (« Il y a des
maisons pour cela », disait Claudel). Tolérer c'est se croire
en position de domination, de jugement ; c'est s'estimer
bien bon d'accepter l'autre malgré ses erreurs. Il faut aller
dans une tout autre direction et prendre conscience de

l'apport d'autrui, d'autant plus riche que la différence avec soi-même est plus grande.

C'est d'ailleurs pourquoi, autant je valorise la communication entre personnes, autant j'ai les plus expresses réserves à l'égard des technologies dites de communication, qui ne sont en réalité que des moyens d'information. L'informatique, dans la mesure où elle apporte de l'information, est précieuse ; mais elle n'apporte que de la communication mise en boîte, surgelée. Elle est incapable de provoquer les sursauts créateurs qui se produisent tout naturellement dans un dialogue vrai fait de silences autant que de paroles.

La télévision, elle aussi, est un moyen d'information, c'est-à-dire de mise en forme ; mais très rarement un moyen de communication, c'est-à-dire de mise en commun. En fait, elle conduit plutôt à supprimer toute conversation, puisqu'elle est à sens unique. Le danger est grand qu'elle fasse de nous des êtres passifs, qui ne peuvent réagir qu'en « zappant », c'est-à-dire en quittant l'interlocuteur, et non plus en lui répondant. Exprimer une idée est une activité difficile à laquelle il faut s'exercer ; la télé supprime cet exercice ; nous risquons de devenir un peuple de muets, frustrés de leur parole, et qui se défouleront par la violence.

On le voit bien dans le cas extrême de ceux qui sont relégués dans les banlieues et à qui toute véritable communication est rendue impossible.

Bien sûr, ce n'est pas la véritable étymologie, mais « banlieue » sonne en effet comme lieu de bannissement. Et il est vrai que ceux qui y vivent sont mis hors de la ville, hors de la loi, hors de la vie.

L'essentiel leur est refusé, l'échange avec l'autre. Allons au cœur du problème de chacun : devenir soi-même. Or cette auto-métamorphose n'est réalisable que par l'échange. La nature nous a donné tous les organes nécessaires pour devenir humains, mais elle ne nous a pas indiqué le chemin à suivre. Pour parvenir à cet exploit fabuleux qu'est la capacité à se savoir être, il faut bénéficier des regards des autres; il faut, peu à peu, tisser les liens qui sont notre véritable personne.

Le village, la ville, la nation devraient être les lieux de ce tissage. Cela suppose pour chaque regard la possibilité de rencontrer un autre regard, humain face à humain, sans hiérarchie, sans trace de mépris.

Comme elle est loin de cet idéal, la banlieue qui entoure nos villes! Les jeunes voient au loin les lumières d'une métropole qui ne les attend pas; ils jouent à la guerre car ils ont compris que la violence est pour eux la seule issue; ils taguent les murs pour les rendre moins aveugles, moins implacablement enfermants. Les adultes ne voient plus la tristesse de ces bâtiments répétitifs, ils acceptent la débâcle des rêves de leur enfance.

Dans la construction de chacun, quelle place faites-vous à la solitude ?

Solitude : c'est le même mot pour deux situations opposées, la solitude subie, la solitude désirée.

La première est dramatique; j'ai besoin des autres, et personne n'est là. Je suis comme un feu qui meurt étouffé, faute d'oxygène.

La seconde est, à certains moments, nécessaire pour retrouver la cohérence de tous les matériaux qui se sont accumulés, pour renouer des fils, pour se préparer à de nouvelles rencontres. Cette solitude choisie peut être aussi, elle-même, l'occasion d'une rencontre : c'est tout le miracle de la lecture; quel bonheur que d'entendre Montaigne nous faire des confidences !

Au cours de votre vie, dans votre adolescence, avez-vous souffert de la solitude ?

Bien sûr j'ai été timide, incapable de m'exprimer, persuadé que chaque mot prononcé par moi était faux, encombré de mon corps, cherchant refuge dans la solitude tout en la trouvant douloureuse. Mais j'ai eu la chance de peupler cette solitude de tous les auteurs rencontrés dans les rayonnages des bibliothèques. Ils ont été très gentils avec moi ; ils ne se sont jamais moqué de moi, ils m'ont fait désirer le contact avec les êtres de chair, plus inquiétants mais tellement plus attirants que ceux dont il ne reste que les mots.

Biologie

« Jusqu'à la fin du
XVIIIᵉ siècle,
la vie n'existe pas. »
MICHEL FOUCAULT

Dans un propos volontairement un peu paradoxal, Michel Foucault a dit un jour : « Jusqu'à la fin du XVIIIᵉ siècle, la vie n'existe pas mais seulement les êtres vivants. » Comment comprenez-vous le fait que la biologie ait mis plus de vingt siècles à se constituer en science ?

La science, tout naturellement, s'est d'abord intéressée aux phénomènes qui, jour après jour, année après année ou siècle après siècle, se répètent, identiques à eux-mêmes. Il est possible de les observer à de nombreuses reprises et, peu à peu, d'affiner la connaissance que nous avons d'eux. Le cas idéal est celui de phénomènes que l'on peut provoquer à volonté, qui permettent de passer de l'observation à l'expérimentation. Pour que cela soit possible, il faut que les objets matériels participant à ces phénomènes soient suffisamment stables, que l'écoulement du temps ne les transforme pas. C'est pourquoi les premières observations « scientifiques » ont concerné les étoiles et les planètes ; les premières expérimentations, la chute des corps.

Devant des objets immuables, sur lesquels le temps semble passer sans laisser de trace, nous sommes rassurés.

Nous ne le sommes pas devant des objets qui, à chaque instant, se transforment, évoluent, vieillissent, et finissent par disparaître, mourir. Nous restons sans voix devant le plus invraisemblable de leurs exploits : avant de disparaître ils sont capables de produire des objets semblables à eux, de vaincre ainsi le temps tout en donnant l'apparence de lui être soumis. Cette catégorie d'objets est si étrange que la recherche scientifique a préféré longtemps les classer dans une catégorie « à part », les considérer non comme des objets mais comme des « êtres », ils sont les « vivants », dépositaires d'une espèce de fluide particulier, la « vie ».

Mais en utilisant ce concept, on admet implicitement que les objets qui en sont dotés jouissent d'un privilège refusé aux autres ; ce qui se passe en eux résulterait non seulement du jeu des forces naturelles (gravitation, force électromagnétique, forces nucléaires), mais aussi d'une autre puissance mystérieuse. Aujourd'hui cette vision peut être considérée comme inutile. Vivants ou non, tous les objets sont soumis aux mêmes interactions. Nous classons par exemple le cristal parmi les objets dits inanimés. Pourtant en son sein se déroulent des phénomènes qui résultent du jeu des mêmes lois naturelles que ceux qui se produisent au cœur d'une bactérie, d'une plante ou d'un animal, classés, eux, parmi les êtres vivants.

La différence entre les inanimés et les vivants résulte du niveau de leur complexité, donc des pouvoirs que cette complexité leur apporte. Il n'y a pas de frontière entre ces deux catégories, simplement une continuité vers toujours plus de complexité. La pensée scientifique peut donc faire l'économie du mot « vie ». Car la vie n'apparaît pas subitement. Elle se construit, étape par étape, grâce à la mise en place d'une complexité croissante.

Mais alors, qu'est-ce qui distingue le vivant de la matière brute ?

Pourquoi dire que la matière est « brute » ? Un noyau d'hélium est déjà, avec ses deux protons et ses deux neutrons[1], un objet dans lequel jouent de multiples inter-actions. Avec six protons et six neutrons, un noyau de carbone atteint un niveau de complexité plus grand qui lui attribue de nouveaux pouvoirs. Et cette progression se poursuit sans discontinuité, jusqu'aux structures hyper-complexes que sont des objets tels que les bactéries[2]; ils sont si complexes qu'ils sont capables de multiples méta-bolismes : respirer, digérer, réagir...

Un jour, par accident, ce bel édifice se lézarde, se dis-sout, disparaît. Mais pourquoi parler de mort, si l'on a évacué le mot vie ?

Il est tout de même plus commode de garder, au moins pro-visoirement, ce mot. Mais, en disant que la vie s'est construite étape par étape, qu'elle est allée vers toujours davantage de complexité, ne risquez-vous pas de réintroduire la finalité ? Ne faites-vous pas comme si la nature obéissait à un plan fixé d'avance ?

La règle du jeu du raisonnement scientifique consiste à expliquer demain par aujourd'hui, jamais aujourd'hui par demain. Imaginer que la nature avait un plan, c'est accepter le finalisme[3], admettant que les événements actuels ont pour cause l'état programmé pour plus tard. Mais demain n'existe pas; s'y référer pour comprendre aujourd'hui revient à voir dans chaque phénomène le résultat d'une volonté divine. En admettant le caprice des

1. Le noyau de l'atome n'est pas ultime dans la recherche de l'insé-cable. Il est composé d'éléments plus élémentaires, les protons, qui ont une charge positive, et les neutrons, non chargés. Mais protons et neutrons sont eux-mêmes faits d'éléments : les quarks.

2. Organisme formé d'une seule cellule. À l'intérieur d'une mem-brane, de multiples organites (petits organes) coopèrent pour assurer les activités qui font de cette cellule un être vivant. Elle contient sur-tout un chromosome unique qui porte l'ensemble des informations nécessaires à sa réalisation.

3. Doctrine privilégiant l'action et l'intervention de causes finales pour expliquer soit l'ensemble des phénomènes naturels, soit plus spécifiquement les processus vitaux (terme opposé : mécanisme).

dieux, tout s'explique, mais rien n'est prévisible ; l'effort de la science consiste à lutter contre cette réponse trop facile à nos interrogations.

Il n'y a donc pas de « mystère » de la vie. Et les lois de la nature à l'œuvre dans le corps humain sont exactement les mêmes que les lois à l'œuvre dans une machine. Au niveau des particules élémentaires, tout se passe de la même façon. Bien entendu, le corps est infiniment plus complexe qu'une machine. Et surtout, encore une fois, l'organisme résulte d'une longue évolution qui, sans objectif, l'a fait tel qu'il est ; une machine a été faite en fonction d'un but bien défini ; elle concrétise un projet de son constructeur.

C'est à une telle conception de la biologie que nous ont conduits les trois découvertes décisives : la théorie cellulaire, les lois de la génétique, la théorie de l'évolution.

Le hasard a fait que la théorie de l'évolution (Darwin, 1859) a précédé la compréhension de la procréation (Mendel, 1865), qui a elle-même précédé celle de la reproduction (Crick et Watson, 1953).

Aujourd'hui nous pouvons avoir un regard lucide sur les objets dits vivants en évoquant, dans l'ordre logique :

• le support de l'information génétique, l'ADN[4], et la capacité de cette molécule à se dédoubler, donc la capacité des êtres qui en sont dotés de se reproduire (théorie de la reproduction, formulée par Crick et Watson) ;

• le mécanisme de la procréation : les êtres sexués transmettent à leurs descendants la moitié d'eux-mêmes, chaque parent envoie à chaque enfant une copie de la moitié du patrimoine dont il est doté. Il n'y a pas de partage entre les enfants, en ce sens que ce qui est transmis à l'un peut fort bien être transmis au suivant ; mais partage, pour chacun, de ce que possède chaque parent. Le principal

---

4. Sigle de l'acide désoxyribonucléique. Il est formé de deux séquences complémentaires de nucléotides. Ceux-ci sont de quatre catégories selon la base azotée qu'ils comportent. L'ADN est à la source de la vie. Cette molécule apporte un pouvoir inédit : résister à l'action destructrice du temps.

effet du processus de procréation est de produire des êtres toujours nouveaux, grâce à l'intervention d'un processus aléatoire (théorie de la procréation, formulée par Mendel) ;

• la transformation progressive du patrimoine génétique d'une espèce sous l'effet de cette intervention du hasard et de la pression exercée par le milieu sur les divers individus (théorie de l'évolution, formulée, preuves à l'appui, par Darwin).

Restons un instant sur cette dernière. L'évolution a-t-elle un sens ? Quel en est le moteur ?

L'évolution a deux moteurs :

• l'aléatoire de la transmission du patrimoine d'une génération à l'autre, aléatoire dont l'effet est réduit par le « grand nombre » représenté par l'effectif du groupe ;

• la pression sélective exercée par le milieu qui élimine les individus les moins bien armés pour survivre et procréer, pression dont le systématisme aveugle est atténué par la chance laissée à quelques handicapés de se maintenir et d'apporter des solutions nouvelles aux problèmes que l'espèce affronte. L'histoire de l'univers est un élan permanent vers toujours plus de complexité. Son hyper-complexité donne à l'homme un pouvoir qu'il est seul à posséder : comprendre peu à peu l'univers et le transformer localement.

Transformer localement : c'est ce que les biologistes savent maintenant faire, au niveau génétique. Faut-il approuver leurs manipulations ?

Maintenant que nous avons compris ce qu'est le passage du témoin biologique entre générations, nous sommes en effet capables d'agir et de modifier ce témoin. Lorsqu'il s'agit d'éliminer des mutations effroyablement délétères comme la chorée de Huntington[5] ou la maladie

---

5. Variété de chorée atteignant les adultes (chorée : affection dont le symptôme principal consiste en des mouvements involontaires brusques, rapides, sans but).

de Tay-Sachs, pourquoi pas? Il n'est pas plus audacieux ou dangereux pour l'avenir de l'humanité d'éliminer ces gènes que d'éliminer le virus de la variole, comme nous venons de le faire.

Mais ce pouvoir peut être mis au service de la production d'hommes préprogrammés, conformes à une norme, et tous les délires sont possibles. Ces pouvoirs nouveaux rendent urgente la réponse à la question de toujours : Quelle humanité voulons-nous devenir?

C'est ici que, de la génétique, on passe insensiblement à des questions éthiques. Je pense par exemple à ceux qui affirment la toute-puissance du déterminisme génétique et qui fournissent ainsi une caution scientifique à l'inégalité sociale, au racisme.

Sur ces questions, il faut surtout ne pas se contenter de la réflexion des scientifiques. Ils sont, comme chacun, enfermés dans leurs idéologies. Il faut faire participer à cette réflexion l'ensemble des hommes. D'où la nécessité d'une nouvelle forme de démocratie, la démocratie de l'éthique. La recherche de la connaissance ne doit pas accepter de limites, mais toute action doit nécessairement se soumettre à une éthique : « Il y a des choses qu'il vaut mieux ne pas faire », disait Einstein.

Jean Bernard, qui a présidé pendant dix ans le Comité consultatif d'éthique, dit que la révolution biologique donne à l'homme trois maîtrises : la maîtrise de la reproduction, celle de l'hérédité et celle du système nerveux.

Oui, cela touche l'homme au plus profond; c'est pourquoi il définit les quatre grands principes de la bioéthique : le respect de la personne, le respect de la connaissance, le refus du lucre, la responsabilité des chercheurs.

Bonheur

« Faites les hommes
heureux, vous les faites
meilleurs. »
Victor HUGO

On a coutume, dans le langage philosophique mais aussi dans le langage courant, de distinguer le bonheur du plaisir comme un état stable et complet par opposition à une satisfaction passagère et limitée. « Le bonheur est la satisfaction de toutes nos inclinations », dit Kant. Est-ce aussi votre avis ?

Le bonheur confond le présent et le futur, l'être et le devenir. Il est une attitude intérieure où se mêlent joie débordant sur toute la réalité de l'instant et dynamisme emportant vers un demain souhaité; il est à la fois éblouissement et espoir.

Si le plaisir nous est procuré par notre corps, le bonheur, lui, est une harmonie de toute notre personne. Le plaisir peut apporter sa contribution à cette harmonie; mais ce n'est qu'une contribution. Si le plaisir est par trop puissant, capable de submerger la totalité de l'être, il peut au contraire détruire cette harmonie; alors que l'absence du plaisir désiré peut apporter une sérénité qui est une des formes du bonheur.

Beaucoup d'humains peuvent affirmer : « Le bonheur existe, je l'ai rencontré. » La rencontre a sans doute été fugitive ; elle n'en prouve pas moins que le bonheur est possible, accessible. L'insatisfaction n'est pas un obstacle au bonheur, elle peut le nourrir par le dynamisme qu'elle provoque. C'est plutôt la satisfaction qui détruit le bonheur en éliminant tout désir. L'amoureux qui espère ressent plus de bonheur que l'amoureux qui a obtenu !

On parle parfois de bonheur collectif : cela a-t-il un sens ?

Le bonheur est toujours un état personnel ; ce que l'on désigne par bonheur collectif n'est que la coïncidence des bonheurs individuels provoqués par un événement qui concerne toutes les personnes, ainsi lors de la fin victorieuse d'une guerre.

Le bonheur n'est pas en soi une valeur ; la justice ou la liberté sont des valeurs, car elles conditionnent les bonheurs individuels ; mais ces conditions nécessaires ne sont guère suffisantes.

Mais s'il n'est pas le souverain bien, au moins le bonheur est-il un droit ? La Constitution de 1793 stipule à l'article 1 : « Le but de la société est le bonheur commun. »

Chacun a droit, non au bonheur, mais à une organisation collective qui ne mette pas d'obstacles à sa poursuite. De même nous ne pouvons prétendre au « droit à la santé », car cette santé dépend de nombreux facteurs sur lesquels la société n'a pas de prise ; nous pouvons par contre exiger le « droit aux soins », qui ne dépend que du bon vouloir collectif.

Mais la société ne peut assurer le bonheur de chacun ; elle ne peut éviter que deux garçons soient amoureux de la même fille, ce qui génère au moins un malheureux. Elle peut en revanche supprimer nombre de causes de malheur, d'où l'exigence d'égalité.

Avec la notion de péché, le christianisme a cherché à disqualifier le bonheur. Comment interprétez-vous cela ?

C'est le catholicisme, non le christianisme, qui a condamné le bonheur. Le christianisme originel est bien plutôt une religion de l'amour du prochain, du partage, de la mise en commun, donc de la recherche d'une harmonie dans les rapports entre humains qui permette le bonheur. Les Églises, comme toute structure humaine, ont eu pour objectif non la diffusion d'une « bonne nouvelle », mais l'extension de leurs pouvoirs. Elles ont souvent assis ce pouvoir sur la crainte qu'elles ont insufflée dans les esprits, notamment par les notions de péché et de damnation éternelle.

Non seulement il n'y a pas de honte à être heureux, mais on devrait en tirer gloire. Manifester son bonheur est un devoir ; être ouvertement heureux donne aux autres la preuve que le bonheur est possible.

Vous-même, faites-vous partie de ceux qui l'ont rencontré ?

Comme tout le monde, j'ai tout voulu ; j'ai quelquefois obtenu, jamais tout. Le bonheur est parfois entré dans le désert de l'absence des choses, il s'est parfois faufilé dans l'encombrement de trop de choses possédées. Lorsqu'il arrive, je sais maintenant qu'il ne faut pas lui demander d'où il vient, ni qui l'envoie ; juste être capable de l'accueillir.

Finalement, si vous deviez dire en quoi il consiste pour vous, que diriez-vous ?

Pour moi, *le bonheur, c'est de se sentir beau dans le regard des autres.* Cette définition implique le devoir moral de regarder les autres en sachant les trouver beaux. Ce qui n'est pas toujours facile, je l'avoue ; mais cette difficulté est due à mon incapacité à discerner en eux une personne semblable à moi.

Celui qui se sent laid dans le regard des autres, ou, pis, inexistant, transparent, ne peut trouver son identité que dans la haine qu'il projette sur eux. Le drame des jeunes dont la famille est déficiente (par exemple en raison du

déracinement dû à l'émigration, à la situation instable
entre deux cultures) est qu'ils ne savent pas qui ils sont.
La « bande » et la délinquance apportent la réponse dont
ils ne peuvent se passer. Cette réponse pourrait être
apportée par l'école, à condition que ce soit une école lieu
d'apprentissage de l'échange.

Conscience
(et inconscient)

« La conscience n'est dans le
chaos qu'une petite lumière,
précieuse mais fragile. »
LOUIS-FERNAND CÉLINE

*Vous dites que, sans la présence d'autrui, la conscience ne
pourrait pas surgir. Mais qu'appelez-vous conscience? Comment la définir?*

Tout ce qui appartient à l'univers, particule ou galaxie,
caillou ou animal, est, par convention, doté d'existence;
tout objet *est*. Mais, quel qu'il soit, sa définition est arbitraire. Tel caillou ou telle galaxie n'est considéré comme
un être individualisé que grâce à l'observateur; celui-ci,
en traçant les limites de ce qui appartient à l'objet, lui
assigne une singularité. Pour être objet de l'univers, il faut
être objet du discours d'un observateur.

Certes l'homme n'est pas le seul observateur; les animaux dotés d'une vue voient, tout comme lui, la tache
brillante qui, chaque matin, monte dans le ciel; mais seul
l'homme est capable d'aller au-delà de cette constatation
et de faire de cette tache un objet, le Soleil. Cette étoile,
comme toutes les étoiles, est une création du discours
humain. Sans l'homme, l'univers n'est qu'un continuum
sans structure.

Ce regard créateur d'objets, chaque humain est capable

de le diriger sur lui-même. Il fait alors de sa personne l'objet de son discours. Du coup, non seulement il *est*, mais il *se sait être*. C'est cela la conscience. C'est une performance qui nous permet de nous savoir être.

Performance que Descartes*, disant : « Je pense donc je suis[1] », plaçait à l'entrée de la philosophie. Qu'y a-t-il d'intéressant, selon vous, dans sa démarche ?

Descartes n'est pas à la recherche d'une définition de la conscience ; ce qu'il lui faut, c'est une évidence capable de résister à toute mise en doute, y compris la mise en doute du message de nos sens. Il n'en trouve qu'une : le fait même qu'il est en train de faire cette recherche. Il va donc fonder sa philosophie non sur un objet dont l'existence soit indubitable, il n'en trouve pas, mais sur un processus dont l'existence est assurée : le cheminement de sa propre pensée.

À vrai dire, je ne trouve pas son argument convaincant. Ce qu'il peut tenir pour certain est l'existence de cette pensée, non pas nécessairement l'existence du *je* qui pense.

Je préfère m'en tenir à l'idée que tout objet ne peut être amené à l'existence que par le discours qui l'évoque. Or ce discours s'adresse à quelqu'un. Lorsque l'objet de mon discours est moi, je deviens conscient d'être et, simultanément, je m'affirme existant face à un autre, celui à qui j'adresse mon discours.

Si je devais tirer une leçon de l'œuvre de Descartes, ce serait essentiellement sa méthode d'analyse de chaque problème en parties aussi élémentaires que possible. Mais à condition de ne pas oublier l'essentiel : la mise en interaction des divers éléments d'une structure fait apparaître une réalité qui n'était présente dans aucun de ces éléments. Analyser permet de comprendre le rôle de chaque élément ; cette démarche est nécessaire mais non suffisante. Il faut ensuite comprendre comment la mise

1. DESCARTES, René, *Méditations métaphysiques. Première méditation* (1641) et *Discours de la méthode*, IVᵉ partie (1637).

en relation de ces éléments crée un « tout » qui n'est pas
seulement leur somme.

*Pour Descartes, la conscience marque une rupture absolue
par rapport au corps ; d'autres, allant plus loin encore, conçoi-
vent la conscience comme une sorte de « revanche » de l'esprit
sur la matière.*

Pourquoi imaginer une revanche ? Il y a eu, tout simplement, au cours de l'évolution du cosmos, continuité
dans l'apparition de pouvoirs toujours plus grands des
structures matérielles peu à peu mises en place, pouvoirs
liés à leur complexité. Ce processus s'est poursuivi jusqu'à
l'apparition du champion de la complexité qu'est le cerveau humain. Parmi les pouvoirs qu'a reçus ce cerveau, le
plus décisif a été la création de la communication entre
les hommes, ce que nous avons appelé le « discours ».
Chacun a pu alors se prendre soi-même pour objet de son
propre discours, c'est-à-dire développer sa conscience
d'être. Mais ce discours ne pouvait prendre place que dans
un réseau d'échanges. Ce réseau collectif est donc le point
de départ de la conscience individuelle. Ce que j'aime
résumer par la formule que j'ai déjà employée : « Je dis
je parce que d'autres m'ont dit *tu*. » L'esprit n'est que
l'aboutissement de l'aventure de la *matière*. Il n'a pas une
origine autre que l'ensemble du cosmos.

*Ce qui semble vouloir dire que la conscience serait une
réalité matérielle...*

Je n'en dis pas autant. La conscience a seulement
besoin pour se manifester d'un support matériel. Faisons
une comparaison avec le langage. Celui-ci ne peut se produire que grâce aux cordes vocales (ou aux gestes pour
ceux qui parlent avec les mains), mais le langage est autre
chose que les cordes vocales. Vous pouvez tout savoir sur
les cordes vocales, et ne même pas imaginer ce qu'est le
langage. Voilà un exemple de l'insuffisance de la méthode
cartésienne d'analyse.

Autre exemple de cette même insuffisance : à quel moment la conscience apparaît-elle? demande-t-on parfois. Avant la naissance? Après? La réponse est cruciale pour le débat sur l'avortement.

Mais elle ne peut être donnée. L'ovule fécondé n'a pas de conscience, mais tout est présent en lui pour qu'un processus se déroule, qui aboutira à être conscient. On jette à la poubelle, sans état d'âme, un ovule ou un spermatozoïde; pourquoi pas l'œuf fécondé résultant de leur rencontre? Pourquoi pas l'embryon résultant des différenciations cellulaires intervenues dans cet œuf? Pourquoi pas le fœtus qui succède à l'embryon? Pourquoi pas le bébé qui vient de naître? Avec ce raisonnement par continuité on justifie tous les crimes!

Mais le même raisonnement en sens inverse conduit à l'absurdité : je respecte évidemment la vie d'un bébé; donc je dois respecter la vie d'un fœtus, donc la vie d'un embryon, donc celle d'un œuf juste fécondé, donc un ovule, donc un spermatozoïde! Il semble pourtant difficile de se lamenter sur le sort des centaines d'ovules, des centaines de millions de spermatozoïdes auxquels un couple n'accorde pas la vie.

Ce n'est pas en ces termes que l'on peut poser le problème de l'avortement. La biologie ne peut que décrire la réalité, non proposer une règle morale. C'est à chacun de prendre position. La mienne est fondée sur le respect de la jeune femme qui, toute réflexion faite, décide que l'avortement est pour elle la solution la moins mauvaise. Je fais passer ce respect avant celui, pourtant très grand, du futur bébé qu'elle porte.

Cette réflexion, je ne peux la faire seul. À ce propos, comme à propos des questions essentielles, la conscience personnelle ne peut prendre racine que dans une conscience collective; car ma conscience est le cheminement fait au contact des autres.

Ce qui suppose aussi la temporalité, la capacité d'anticiper le futur.

Le principal apport des hommes, ce qui les distingue initialement des animaux, est certainement leur capacité à imaginer demain. Certes les ours, les écureuils, voyant venir le froid, prennent des précautions, accumulent de la graisse ou des provisions qui leur permettront de supporter l'hiver; mais ce réflexe est déclenché par la température; ils font des provisions *parce qu'il fait* froid, non *pour* passer l'hiver. Être conscient que demain existera et que je peux avoir une influence sur lui est le propre de l'homme.

Vous aussi, vous considérez donc la conscience comme le « sommet des phénomènes », pour reprendre l'expression de Lacan*. N'est-ce pas de l'anthropomorphisme?

Si j'étais un noyau d'hélium, je m'émerveillerais des pouvoirs d'un atome de carbone, si j'étais un atome de carbone, je m'émerveillerais de..., et ainsi de suite. En bout de chaîne, on arrive à l'homme qui peut s'émerveiller du seul objet plus complexe que lui, et donc disposant de plus de pouvoirs que lui : la communauté humaine. Par la conscience, qui ne m'est donnée que grâce à mon appartenance à elle, je participe à l'élan cosmique vers la complexité; cet élan qui est le sens apparent de l'évolution de l'univers. Du coup c'est par la conscience qu'un sens est apporté aux événements quotidiens.

Finalement ce qui me gêne dans le « donc je suis » de Descartes, c'est l'autonomie du « je pense ». Car cette pensée n'a pu apparaître et se développer que dans le rapport à l'autre. Il n'y a pas de conscience sans apport extérieur. Je me fais grâce aux autres. D'une certaine façon, lorsque je pense, je quitte mon moi; mon moi n'est plus à l'intérieur de ma peau. *Je* est l'ensemble des liens que je tisse avec les autres.

Vous n'aurez donc aucune difficulté à souscrire au propos de Freud qui disait dans les Essais de psychanalyse appliquée *: « Le moi n'est pas maître dans sa propre maison. »*

La formule est excellente, mais Freud aurait pu donner à ce constat une tonalité plus réjouissante. Je n'ai pas à être triste de ne pas « être maître dans ma propre maison ». Prétendre l'être serait faire preuve de la vanité arrogante d'Auguste, « maître de lui comme de l'univers ». Fort heureusement l'univers n'est pas organisé comme une armée avec sa hiérarchie et sa discipline ; fort heureusement ma « maison » n'est pas une caserne avec ses murs d'enceinte, ses lits au carré et ses adjudants gardiens de l'ordre.

Ma maison est un lieu ouvert, dans le temps comme dans l'espace. Des personnages du passé, restés longtemps oubliés, y resurgissent sans prévenir ; des inconnus parfois étranges y pénètrent et y déposent des richesses inattendues ; même la poussière accumulée par le hasard devient nuage, source de rêve, lorsqu'un courant d'air la soulève. Personnages et objets s'y heurtent et mettent en place spontanément ici un coin tranquille, harmonieux, là une zone de cris et de contestation. De temps à autres la tentation de l'ordre se manifeste, mais qui saurait l'imposer, sinon la mort ?

« Je » m'y déplace avec un bonheur d'autant plus vif que chaque pièce me réserve un accueil qui me surprend. La cave et le grenier doivent recéler des objets que je préfère ne pas voir, quelques cadavres peut-être. Qu'importe, « je » suis face à la fenêtre ; elle est ouverte.

Du coup, mon moi n'a pas de propre maison, il est dans les échanges que j'entretiens, dans les liens que je tisse.

Il dépend aussi de son héritage ; le moi est d'autant moins maître chez lui qu'il ignore le passé de son espèce.

Depuis notre naissance, et même avant, notre cerveau s'est structuré en créant des circuits supports de nos diverses facultés « intellectuelles », mémoire, imagination, émotion... Tout a laissé des traces dans cette structure riche de quelque cent milliards de neurones, reliés par un million de milliards de connexions. Une combinatoire inépuisable est disponible, que n'arriveront pas à saturer les événements de nos cent années de vie (soit seulement trois milliards de secondes). À chaque instant, une partie infime de ces circuits neuronaux est utilisée pour ressentir et exprimer. Cette partie « consciente » nous apparaît comme la seule réellement vivante ; en fait, notre activité cérébrale se poursuit souterrainement, marquée par tous les apports engrangés au cours de notre parcours antérieur.

L'inconscient, c'est l'ensemble des activités cérébrales qui, à un instant donné, échappent à ce qui est ressenti et exprimé.

Puisque le moi n'est pas maître chez lui, direz-vous qu'il est l'esclave de son inconscient ?

Non. L'erreur souvent commise, sur laquelle Alain attire l'attention, est de faire de l'inconscient un personnage ayant ses propres caractéristiques, disposant d'une certaine autonomie. Le fait de donner un nom à ce concept nous incite à voir en lui quelqu'un. Une erreur semblable est rencontrée dans le domaine scientifique à propos du mot « hasard ». En l'opposant à la nécessité, c'est-à-dire au jeu des forces déterministes, on fait de lui l'équivalent d'un petit génie venant brouiller les cartes, rendant la prévision moins sûre. Il devient un acteur du processus de passage d'un état à l'état suivant ; ce qui ne correspond nullement au rôle que la science attribue à cette notion.

De même l'inconscient n'est pas en soi un acteur, encore moins un monstre ; il est un facteur explicatif, parmi d'autres, des réactions d'une personne.

Laquelle est infiniment complexe : l'inconscient, tel que vous le comprenez, est un facteur supplémentaire de complexité.

Soit l'exemple de la sexualité : quelques doses d'hormones, adrénaline ou hormones sexuelles, en plus ou en moins, et toute notre activité neuronale est transformée. Mais l'hyper-complexité du cerveau lui permet de ne pas laisser se développer une chaîne causale simple entre glandes endocrines sécrétant leurs hormones et neurones émettant leurs influx nerveux. Un mâle voit une femelle, ses glandes endocrines réagissent, son cerveau reçoit des signaux qui provoquent une succession de gestes, l'enchaînement des causes et des effets aboutit à la copulation. Le cerveau humain bouleverse le processus en faisant intervenir un enchevêtrement de causalités qui rendent l'aboutissement imprévisible. Le jeu des organes sexuels si bien mis au point par la nature change de règle ; d'autres organes se mêlent de l'affaire, notamment le cerveau qui apporte sa charge de souvenirs, d'émotions, d'interdits, de projets, d'imagination. La copulation n'est plus centrale, elle n'est qu'un détail, à la limite un prétexte, pour déclencher un torrent que certains appellent « amour ».

Autrement dit, contrairement à Alain ou à Sartre, vous ne cherchez pas à atténuer la portée de l'inconscient sous prétexte qu'il mettrait en cause la souveraineté du sujet. Mais vous ne vous en affectez pas.

Pas plus que je ne m'affecte de l'imprévisibilité dont il frappe mes comportements. Le temps qu'il fera demain m'intéresse, mais je suis fort heureux de ne pas être capable de le prévoir. Les réactions que j'ai face à tel événement m'étonnent parfois ; je cherche l'explication ; mais je sais que, le plus souvent, je n'aurai accès qu'à des arguments partiels, ou même mensongers. J'irai voir dans le grenier où se cache mon inconscient, mais je sais être incapable de l'explorer. Et j'en suis satisfait. N'exagérons pas : je suis comme le pilote d'une barque chahutée par des remous imprévisibles, inexplicables ; mais j'en reste le pilote. Le brouillard apporté autour de mes décisions par l'« indécidable » ne restreint que bien peu ma responsabilité.

Mon inconscient peut bien manigancer dans son coin, en cachette, des réactions qu'il me proposera, des idées qu'il me suggérera; il ne me fait pas vraiment peur; pas plus que tous ces « autres » qui m'agressent, me contredisent, m'aident, m'aiment, me font, me dérangent, et dont je ne peux me passer.

Démographie

« Chacun est l'ombre
de tous. »
PAUL ELUARD

Vous avez été responsable du service de génétique des populations à l'Institut national d'études démographiques (INED); vous avez participé à l'étude d'isolats humains en Afrique. Avez-vous séjourné chez les Dogons, les Touaregs? Qu'avez-vous tiré personnellement de ces rencontres, et quelles ont été vos conclusions?

Au cours de la période où j'ai travaillé à l'INED, j'ai principalement étudié l'évolution du patrimoine génétique de populations humaines isolées. Ces recherches ont été, dans un premier temps, purement théoriques. Il s'agissait de préciser les équations qui permettent de caractériser l'appauvrissement génétique d'un groupe refermé sur lui-même. Au passage, j'ai été amené à mieux définir les paramètres décrivant cet isolement ainsi que les conditions dans lesquelles ce patrimoine est transmis de génération en génération. Il s'agit donc de mesurer et d'analyser l'effectif de la population et de caractériser le choix du partenaire de procréation. Les concepts et les techniques mis au point par les démographes sont alors précieux.

Mais il ne s'agit que de modèles; il est nécessaire de confronter leurs résultats théoriques avec la réalité. J'ai eu la chance de pouvoir participer à des équipes regroupant des chercheurs de multiples disciplines, ethnologues, médecins, hématologistes, travaillant au sein de populations géographiquement ou culturellement isolées. Celles-ci représentaient l'équivalent de laboratoires où, spontanément, les processus étudiés par nos modèles s'étaient déroulés.

Le résultat le plus clair de cette confrontation entre la théorie et les populations réelles est qu'il faut remettre sur le chantier les modèles en y incorporant de nouveaux paramètres; peu à peu ils deviennent des outils d'observation plus efficaces.

Mais, à vrai dire, ces améliorations « scientifiques » sont de bien peu d'importance face au choc personnel subi lors de la rencontre de cultures si éloignées de la mienne. Les Bassaris et les Bediks du Sénégal oriental, les Touaregs nomadisant près de la frontière entre le Mali et le Niger, les Inuits d'Angmassalik sur la côte est du Groenland, les Dogons de Hombori dans la boucle du Niger, ont provoqué en moi des remises en question autrement plus profondes, plus décisives, que la mise au point d'une belle formule. Ces hommes et ces femmes ont d'autres préoccupations, d'autres obsessions, d'autres joies que les miennes; ils m'obligent à m'interroger sur la signification de celles-ci.

En quoi consiste le travail du démographe? Quels sont ses outils?

La démographie est la discipline scientifique qui permet de décrire une population et d'analyser le processus de son renouvellement. Dans cette description, deux caractéristiques des individus sont essentiellement prises en compte : leur sexe et leur âge. Les informations utilisées par le démographe peuvent provenir des registres d'état-civil, de recensements, de sondages, ou d'enquêtes

menées avec un objectif spécifique. À partir de ces données de base, il détermine toute une série de quotients et
de taux décrivant avec précision des caractéristiques aussi
importantes pour l'avenir du groupe que le niveau de la
mortalité ou celui de la fécondité.

Ces outils permettent notamment de faire, au prix de
quelques hypothèses, des prévisions sur ce que deviendra
la population ; pour bien marquer qu'il ne s'agit pas d'annoncer la réalité à venir, mais de tirer les conséquences
des hypothèses admises, les démographes préfèrent
parler de « projections » et non de « prévisions » ou de
« prédictions ».

Ces projections sont d'autant plus précises qu'elles
concernent une population plus nombreuse, à la limite
celle de la planète dans son ensemble. Certes, des erreurs
peuvent être commises, mais le plus souvent elles se
compensent et l'on constate rétrospectivement que les
projections d'autrefois ont assez bien annoncé les évolutions qui se sont effectivement produites. Ainsi, dès 1958,
la Direction de la population de l'ONU avait fort bien
prévu l'effectif de l'humanité pour les dernières décennies du xxᵉ siècle :

Année	1960	1970	1980	1990	2000
Projection de 1958	2 910	3 480	4 220	5 140	6 280
Réalité	3 014	3 683	4 453	5 201	6 130

Lorsque, aujourd'hui, le même organisme annonce que
cet effectif sera de l'ordre de 8 200 millions en 2025 et
dépassera 10 milliards au cours de la seconde moitié du
prochain siècle, il est donc nécessaire de le prendre au
sérieux.

Ces projections ne doivent être regardées ni comme
optimistes ni comme pessimistes ; elles sont simplement
lucides et sont à prendre en compte dans tous les projets
à long terme, car elles donnent la mesure des transformations que nous devrons apporter à l'organisation de la
terre des hommes si nous voulons que nos petits-enfants

puissent bénéficier d'un destin véritablement humain. Je ne crois pas que ces chiffres doivent être considérés comme une « bombe », comme le suggérait Einstein. Ce ne sont pas eux qui menacent l'humanité ; mais plutôt notre incapacité à tirer dès maintenant les conclusions qui s'imposent : nous ne disposons que d'un siècle pour mettre en place des rapports entre les individus et entre les nations permettant d'accueillir dans de bonnes conditions cette multitude. J'en veux à tous les « décideurs », en particulier les personnages politiques qui bornent leur horizon aux prochaines échéances électorales alors que se prépare une véritable révolution de nos conditions de survie.

À quoi est due l'explosion démographique ? Quelles sont les mesures à prendre pour éviter la surnatalité et infléchir la fécondité des hommes ?

Cette explosion de l'effectif de notre espèce (il a quadruplé entre le début et la fin du XXᵉ siècle, il a doublé au cours des quarante dernières années) est tout simplement due aux progrès obtenus dans la lutte contre la mort des enfants. Ces progrès ne nécessitent pas une médecine de pointe ; ils résultent essentiellement d'une meilleure hygiène et de campagnes de vaccination. Autrefois fécondité et mortalité infantile s'équilibraient ; nous avons rompu cet équilibre grâce à notre plus belle victoire, empêcher un enfant de mourir. Pour retrouver un équilibre, la seule possibilité est de limiter la fécondité, ce qui suppose un changement fondamental dans notre attitude face à la procréation. Procréer était autrefois un devoir ; c'est désormais un droit limité.

Ce changement d'attitude a été réalisé dans les pays développés en un peu plus d'un siècle ; il est maintenant nécessaire que les pays en développement accomplissent la même transformation des mentalités. Plus ce sera rapide, moins dramatiques seront les problèmes posés par l'accroissement des effectifs. Il est de l'intérêt de tous de parvenir le plus rapidement possible à l'équilibre. Cet objectif ne peut être atteint que par une généralisation de l'éducation, y compris de l'éducation des jeunes filles. Or les pays pauvres ne peuvent, à cause de leur pauvreté, développer leur système éducatif et s'enfoncent dans une « spirale vicieuse » : la pauvreté entretient l'explosion démographique, qui entretient la pauvreté. La seule issue est une aide des pays riches : pourquoi ceux-ci ne prendraient-ils pas en charge une part du coût du système éducatif des pauvres ?

Les changements de la terre des hommes au cours du siècle prochain seront déterminés, pour l'essentiel, par les déséquilibres démographiques ; c'est en fonction des prévisions que l'on peut faire à leur sujet que les dirigeants devraient, dès maintenant, orienter leurs politiques. Les démographes ont ainsi un rôle politique décisif à jouer. Malheureusement, ils ne sont guère écoutés.

Un exemple parmi d'autres. Les progrès médicaux ont des effets tout au long de la vie. La durée moyenne d'une vie s'approche dans nos pays de quatre-vingts ans, alors qu'elle n'était que de trente ans au XVIIIᵉ siècle. La conséquence est que, dans notre pays comme dans les pays de niveau médical comparable, la proportion des personnes âgées s'est considérablement accrue. On évoque ainsi le « vieillissement » de la population. Mais le point de vue peut être inversé en caractérisant l'âge non par le nombre d'années déjà vécues, mais par le nombre d'années encore à vivre, « l'espérance de vie ». On constate alors que la moyenne de cette espérance calculée sur l'ensemble de la population est aujourd'hui de l'ordre de quarante ans alors qu'elle n'était que de dix-sept ans il y a deux siècles. Or c'est cette espérance qui mesure la capacité des individus à s'engager dans des projets, à regarder l'avenir comme une période à construire, et non plus à attendre passivement la fin. Le vieillissement mesuré par l'âge s'est donc accompagné d'un rajeunissement si l'on considère le dynamisme moyen.

Quelles sont les limites démographiques de la planète?
Qu'est-ce qui doit changer dans nos modes de vie?

La question que l'on pose le plus souvent est : La Terre pourra-t-elle nourrir les dix ou onze milliards d'hommes qui la peupleront bientôt? La réponse, fort heureusement, est oui. Certes l'équilibre entre les besoins et les ressources nécessitera des transferts importants entre les continents (l'Afrique notamment risque de faire face à un déficit), mais globalement l'humanité aura à sa disposition de quoi nourrir tous les hommes.

Mais la question cruciale est : Combien la Terre peut-elle supporter d'humains? Ce qui nécessite de répondre d'abord à la question : Quelle sorte d'humains? Si ce sont des hommes se contentant de demander à la terre leur nourriture, la réponse est : Certainement plus de dix ou onze milliards; mais si ce sont des hommes aussi exigeants que les occidentaux d'aujourd'hui, n'hésitant pas à détruire des richesses non renouvelables, comme le pétrole, ou lentement renouvelables, comme le bois, la réponse est : Certainement moins de un milliard.

Ces chiffres caractérisent à eux seuls le drame vers lequel nous nous dirigeons si nous ne mettons pas rapidement un terme à la boulimie de consommation des sociétés les plus riches. Or, loin de prendre conscience du renversement d'attitude qui s'impose, ces sociétés cherchent dans la croissance de leur consommation le remède à leurs difficultés. Comment ne voient-elles pas que cet aveuglement les conduit à la catastrophe?

Espace-temps

« L'homme n'a point
de port, le temps n'a point
de rive; il coule, et nous
passons! »

Alphonse de LAMARTINE

Comment définiriez-vous l'espace : comme un lieu, un emplacement, donc comme quelque chose de concret? Ou bien comme une représentation abstraite?

Il est d'emblée nécessaire de distinguer deux sens du mot espace, qui ne recouvrent pas parfaitement ceux que vous proposez : d'une part, le lieu dans lequel nous nous mouvons et dans lequel nous constatons que des événements se produisent; d'autre part, le système de repérage d'un événement.

Nous constatons que les objets ne sont pas tous au même endroit; l'ensemble des emplacements possibles constitue ce que l'on nomme espace au premier sens du terme. Ce n'est pas en soi un objet, mais une abstraction qui nous permet de décrire les mouvements et de caractériser les distances entre objets. De même que le constat de succession des événements est l'origine du concept de durée, le constat d'une distance entre objets est l'origine du concept d'espace. Cette distance, mesurable, est une donnée concrète, qui débouche sur une conception abstraite, l'espace, que l'on peut, selon nos besoins, considérer comme fini ou comme infini.

La géométrie est la science qui tire toutes les conséquences de cette définition abstraite de l'espace. Les propriétés de telle figure, par exemple un triangle, sont différentes selon que l'on admet tel ou tel axiome de base. Avec les axiomes d'Euclide, la somme des angles d'un triangle est de cent quatre-vingts degrés, avec ceux de Riemann* elle est, selon les cas, supérieure ou inférieure à ce nombre.

Vous faites allusion aux géométries non euclidiennes?

Euclide admet que par un point extérieur à une droite on peut mener une, et une seule, parallèle à celle-ci. En refusant cet axiome, Riemann a développé des géométries dites non euclidiennes qui ne sont nullement mystérieuses et correspondent à des cas très réels : des êtres à deux dimensions vivant sur une sphère pourraient tracer sur celle-ci des triangles, pour eux à deux dimensions, dont les côtés seraient des cercles tracés sur cette sphère ; ces cercles joueraient pour eux le rôle des droites pour nous ; ils constateraient que, dans leur univers, la somme des angles d'un triangle est toujours supérieure à cent quatre-vingts degrés.

Le concept d'espace s'est transformé au cours de l'histoire des sciences. Qu'est-ce qui a changé?

Les scientifiques ont peu à peu utilisé ce concept dans son deuxième sens, comme système de repérage d'un événement. L'expérience nous montre que, dans l'espace géographique, trois nombres suffisent pour ce repérage ; cet espace est donc à trois dimensions. Si l'on veut étendre ce repérage à l'instant de l'événement, il faut un quatrième nombre ; ce qui met en place un « espace à quatre dimensions », qui, contrairement aux fables de la science-fiction, n'a rien de mystérieux : le montagnard qui a atteint tel sommet à telle heure en passant par tel chemin décrit son ascension dans un espace à quatre dimensions.

Vous avez introduit là un autre concept : celui de temps.

En effet. Le concept de temps est indissociable du constat que les événements se produisent dans un certain ordre. Si deux faits ne sont pas rigoureusement simultanés, l'un a lieu avant l'autre ; l'origine de notre réflexion sur le temps est la constatation de cette succession. Nous pourrions nous en tenir là et ne pas introduire la notion d'une chose étrange qui s'écoulerait durant l'intervalle entre les deux événements considérés et à laquelle nous donnons le nom de « temps ». Toute mesure de ce temps se ramène à compter le nombre d'événements d'un certain type, par exemple l'alternance du jour et de la nuit, qui se sont produits entre deux événements d'un autre type, par exemple deux solstices d'été. On en conclut que l'année dure 365 jours. On peut ensuite mesurer la durée du jour en l'exprimant en nombre de battements d'un pendule, ou la durée de ces battements en nombre de vibrations d'un cristal. Par convention, une journée a ainsi une durée de 86 400 secondes, et une seconde dure autant que 9 192 631 770 périodes d'un phénomène de transition provoqué sur un atome de césium.

Ces conventions permettent de mesurer des durées en fonction d'autres durées ; elles ne disent rien sur ce qu'est la caractéristique mesurée.

Mais elles montrent combien la notion de « présent » est fragile. Une goutte de pluie tombe sur le massif du Saint-Gothard ; ici elle s'écoule vers le Rhône et la Méditerranée, à peine plus loin vers le Rhin et la mer du Nord. Entre les deux versants, une frontière sépare les bassins attracteurs. Cette frontière n'a aucune épaisseur ; elle est une ligne géométrique, que l'on peut définir, mais que l'on ne peut observer comme un objet ayant une réalité. De même, pris dans la tenaille dont les deux mâchoires sont le passé et l'avenir, le présent n'a aucune réalité. Certaines langues refusent de conjuguer le verbe « être » au présent ; il y a du sens à dire « je serai » ou « j'étais » ; il n'y en a pas à dire « je suis ».

Une consolation est cependant apportée par la physique quantique à ceux que chagrinerait la disparition du présent : aucune durée ne peut être inférieure au « temps de Planck », qui dure 5,4. 10-44 secondes. Pendant cette durée, il est donc permis en bonne logique de dire « je suis » ; mais il faut le dire très vite.

Ne serait-il pas commode de distinguer, en suivant Bergson*, le temps et la durée (vécue) ?

La durée perçue, qui est la matière première de notre devenir personnel, est très différente en effet du temps mesuré au moyen d'appareils, et servant à séparer deux événements extérieurs à nous. Cette durée intérieure est souvent sans liens étroits avec le temps objectif des événements : les minutes de l'attente sont longues, les instants du plaisir sont courts, les années passent de plus en plus vite avec l'âge.

Vous dites que la durée vécue n'a pas de lien étroit avec le temps objectif. Si nous n'existions pas, le temps objectif existe-rait-il ?

Il me paraît certain que l'univers continuerait imperturbablement à dérouler son histoire, faite d'événements successifs qui ne dépendent pas de nous. Sans nous la succession existerait ; mais la durée, inséparable des consciences, n'aurait aucune réalité.

Seul est donc mesurable le temps « mathématisé ».

Avec la longueur et la masse, le temps est une des trois dimensions permettant de définir toutes les autres grandeurs intervenant dans les modèles mathématiques du monde réel. Il est alors défini par la mesure qui en est faite. Mais cette mesure elle-même n'est pas absolue ;

d'après la relativité, elle dépend du mouvement de l'observateur et de la présence de masses dans l'espace : temps et espace sont indissociables, ils forment un tout : l'espace-temps.

Vous venez de prononcer le terme de « relativité » : quel est précisément l'apport d'Einstein ?

Jusqu'au début de ce siècle, on pouvait considérer le temps comme une toile de fond impassible, inexorable, devant laquelle les événements se déroulent. Dans notre imaginaire, tout se passait comme si une horloge extérieure à l'univers égrenait ses tic-tac; la durée d'un événement était mesurée par le nombre des tic-tac survenus entre le début et la fin.

Face au paradoxe de la constance de la vitesse de la lumière, quel que soit le référentiel où on la mesure, les réflexions d'Einstein ont fait voler en éclats cette conception confortable. Le temps ne préexiste pas aux événements, il est généré par eux. Or ces événements ont lieu dans l'espace; espace et temps sont donc solidaires. Avec la relativité restreinte proposée en 1905, Einstein a montré que les quatre dimensions permettant de repérer un événement ne peuvent être réparties en d'une part, les trois dimensions de l'espace, d'autre part, la dimension du temps. Si l'on veut pouvoir décrire par des relations semblables le même événement dans des repères distincts, il faut considérer un ensemble indissociable de quatre dimensions, l'« espace-temps ». Changer le repère du lieu implique de changer le repère de la durée. À vrai dire ceci n'a de conséquence pratique que pour des mouvements dont la rapidité est proche de celle de la lumière ! Dans la vie quotidienne, nous pouvons continuer sans dommage à raisonner comme autrefois, mais à condition de ne pas oublier que le sens commun n'est qu'une approximation du phénomène réel.

Ce constat est illustré par la célèbre histoire du monsieur qui dit à son épouse : « Viens-tu m'accompagner ? Je vais promener le chien dans la forêt. — Non, il fait froid, je reste à la maison. » Lui s'en va ; le chien gambade autour de lui et agite la queue. Quand ils rentrent, le monsieur a moins vieilli que la dame, le chien moins que son maître, la queue du chien moins que le chien. Cela paraît étrange, mais c'est exact. Certes, à la vitesse à laquelle ils bougent, l'écart n'est pas mesurable ; mais, en toute rigueur, le temps ne s'est pas écoulé de la même façon pour la dame, le monsieur, le chien et la queue du chien.

Einstein est allé encore plus loin ensuite, n'est-ce pas ?

Dix années plus tard, le même Einstein a donné un nouveau coup au concept de temps absolu avec la relativité générale qui explique la dynamique des corps pesant en admettant que les masses courbent l'espace autour d'elles. Ainsi, le Soleil courbe l'espace de telle sorte que les planètes, allant droit devant elles, reviennent à leur point de départ en décrivant des ellipses. Mais cette courbure de l'espace modifie aussi l'écoulement du temps. Du coup, même le concept d'éternité est mis à mal.

Spontanément, nous assimilons l'éternité à une durée infinie (ce qui a provoqué la remarque de Woody Allen : « Comme l'éternité doit sembler longue, surtout vers la fin ! »). Cependant, imaginez que vous alliez vous promener en fusée aux environs d'un « trou noir », objet stellaire d'une densité fabuleuse (toute la masse de la Terre concentrée dans un cube d'un centimètre de côté). Sa masse est telle que l'espace-temps est extrêmement courbé aux alentours. Si votre fusée tombe en panne, le trou noir vous attirera et vous y disparaîtrez. Il est possible de calculer, compte tenu de la distance initiale, la durée de cette chute, durée évidemment finie, comme pour la pierre tombant sur le sol. Mais, pour un observateur situé assez loin pour que le trou noir ne courbe pas son espace, la chute, telle qu'il la constate, dure un temps infini, une « éternité ».

L'éternité de l'un correspond à quelques minutes pour l'autre ; leurs « temps » ne s'écoulent pas de la même façon. Moralité : si l'éternité vous semble longue, allez vous promener près d'un trou noir!

D'autres théories, au XXe siècle, n'ont-elles pas contribué aussi à remettre en cause la conception classique du temps?

Une remise en cause au moins aussi radicale a été provoquée par le constat de l'expansion de l'univers et la célèbre théorie du big bang. On a constaté au cours des années vingt que toutes les galaxies s'éloignent; donc, hier, elles étaient plus proches, et, si l'on remonte dans le passé, il y a quelques milliards d'années, elles étaient toutes rassemblées; il y a eu à cette époque une explosion qui a créé notre univers, le big bang. La question qui vient aussitôt à l'esprit est : Qu'y avait-il, il y a seize milliards d'années? Il serait faux de répondre : Il n'y avait rien. Ce serait beaucoup trop dire. La bonne réponse est : Il n'y avait pas de « il y avait ». Le temps ne s'écoulait pas tant que le big bang n'avait pas fait surgir l'univers; il n'y a pas eu d'« avant big bang ». Celui-ci ne représente pas un début, car tout début suppose un avant-début. Rien ni personne n'attendait le big bang. Il est une origine de tout, y compris du temps.

Étrangement, la remarque essentielle a été formulée au IVe siècle par saint Augustin constatant : « Je sais que si rien ne se passait, il n'y aurait pas de temps passé. » En effet, quand rien ne se passe, quand aucun événement ne se produit, pourquoi être assez pervers pour inventer un temps qui passe? L'essentiel, peut-être, est intemporel.

Qu'est-ce qui est intemporel? Le vrai? Le beau?

Certaines acquisitions de notre lucidité sont définitives, donc intemporelles; leur formulation peut varier mais l'essentiel de leur apport demeure. De même pour le beau qui peut être provisoirement victime d'un changement de goût. Réaliser un objet beau, imaginer une théorie plus proche du réel, c'est, il me semble, échapper au pouvoir destructeur du temps. Là est l'intemporel.

thique

« Je ne connais qu'un seul
devoir et c'est celui
d'aimer. »
ALBERT CAMUS

*La dimension éthique — ou morale, ce qui n'est pas très
différent — de l'homme, est l'une des spécificités de l'espèce
humaine. Les religions aussi bien que les philosophies ne s'y
sont pas trompées, qui ont fait de la capacité de distinguer le
bien du mal l'entrée dans l'humanité.*

Oui, *éthique* ou *morale*. Étrangement, le mot « éthique »
est aujourd'hui bien accepté dans le discours, alors que le
terme « morale » est rejeté au nom d'une connotation
vaguement religieuse ou bien-pensante. Ce sont pourtant
deux synonymes, dérivés l'un du grec, l'autre du latin,
évoquant l'art de choisir un comportement, de distinguer
le bien du mal.

Ce problème du choix est aussi ancien que la découverte par les hommes de leur possibilité d'agir et d'influencer leur devenir. L'importance de ce choix est à la
mesure de l'efficacité de leurs actions. Tant que leurs
pouvoirs restaient limités, quelques règles simples, par
exemple celles ramenées du sommet du Sinaï par Moïse,
pouvaient suffire à assurer un fonctionnement harmonieux de la société. Le développement de nos moyens

d'action nous a mis face à des questions inédites, nécessitant des réflexions éthiques qui n'avaient jamais encore été conduites. Cette exigence est devenue cruciale au cours de ce siècle, et surtout au cours du dernier demi-siècle.

Les possibilités de destruction (armement nucléaire) comme de création (procréation médicalement assistée ou manipulation génétique) ont connu de telles avancées que le recours à ces nouveaux moyens provoque une crainte légitime. Ces moyens, qui représentent d'extraordinaires exploits techniques, vont-ils entraîner un réel progrès humain, ou au contraire une régression vers la barbarie ?

Prises de court par ces problèmes inattendus, certaines sociétés, ainsi la France, ont mis en place des comités d'éthique, chargés de proposer des attitudes collectives face à certains projets de recherche ou la mise en pratique de certains résultats des recherches. En un premier temps, ces comités sont utiles pour parer au plus pressé. Mais ils ne sont qu'un palliatif. Il est nécessaire que la morale d'un peuple soit décidée par le peuple lui-même ; d'où le besoin d'une nouvelle forme de démocratie : la démocratie de l'éthique.

Comme la plupart des philosophes, vous placez donc la responsabilité au principe de l'éthique.

Agir déclenche une série de conséquences. Celui qui agit se conduit en être responsable lorsqu'il accepte de supporter personnellement le poids de ces conséquences. Sa responsabilité est tout autant engagée lorsqu'il a laissé faire, sans agir directement : qu'on l'accepte ou non, et sauf cas pathologique, chacun sait en quoi consiste le geste qu'il fait et l'objectif de ce geste. En revanche, il n'est guère possible de savoir l'ensemble des événements qui seront, de proche en proche, déclenchés par ce geste. « Je n'ai pas voulu cela », disent, souvent à bon droit, ceux qui ont provoqué des catastrophes par manque de lucidité.

Mais c'est justement dans ce manque de lucidité que réside leur crime.

Qui dit lucidité dit aussi éducation. La conscience morale est certes inscrite dans les capacités de l'espèce humaine, mais cette capacité requiert l'éducation. Ce n'est pas vous qui le nierez!

L'essentiel de la personne résulte de l'apport de l'éducation. Le patrimoine génétique ne fournit que les informations nécessaires à la construction d'un individu; il est incapable de transformer cet individu, être vivant parmi d'autres, en une personne consciente de son existence. Or cette mue ne peut être provoquée que par la mise en contact avec les autres, c'est-à-dire par l'insertion dans un système éducatif. La conscience morale, comme tout ce qui constitue notre personne, ne peut donc avoir pour source que la culture.

Mais cela n'implique nullement qu'il ne faille définir un noyau moral commun à toutes les cultures, à toutes les civilisations. La mondialisation des échanges, culturels autant que marchands, l'exige impérativement. La diversité, source de richesse pour tous, doit être préservée, mais certaines règles doivent être admises et respectées par l'ensemble des Terriens. La formule de Kant : « Autrui ne peut être considéré comme un moyen, il doit être regardé comme une fin », pourrait constituer l'essentiel de ce noyau commun. L'établissement d'une morale universelle est sans doute impossible, et d'ailleurs non souhaitable. Mais un socle commun à l'ensemble des morales est nécessaire dans un monde des hommes rendu solidaire par les moyens de communication. Ce socle pourrait consister en l'affirmation du respect dû à toute personne, c'est ce que propose la Déclaration universelle des droits de l'Homme.

Il ne s'agit nullement là d'une morale « occidentale », mais d'une morale ayant pour fondement la lucidité qu'apporte la pensée scientifique sur la réalité de notre espèce. Or la science n'est ni orientale ni occidentale, ni nordiste ni sudiste. La science est le domaine où toutes les cultures se retrouvent unies par la même rigueur. C'est donc dans ce domaine qu'il faut provoquer les rencontres chaque fois qu'un problème concerne l'ensemble de l'humanité.

Pardonnez-moi de jouer au professeur de philosophie... *Kant dit exactement : « Tout homme a le droit de prétendre au respect de ses semblables et réciproquement il est obligé au respect envers chacun d'entre eux. L'humanité elle-même est une dignité ; en effet l'homme ne peut jamais être utilisé simplement comme moyen par aucun homme (ni par un autre ni par lui-même), mais toujours en même temps aussi, comme une fin, et c'est en ceci précisément que consiste sa dignité (la personnalité) grâce à laquelle il s'élève au-dessus des autres êtres du monde, qui ne sont point des hommes et peuvent lui servir d'instruments, c'est-à-dire au-dessus de toutes les choses. »* *Dans le domaine que vous connaissez le mieux, la biologie ou, plus précisément, la génétique, comment appliquer la théorie de Kant, qui est aussi la vôtre ?*

C'est un point important. Je crois, pour la raison que je vous ai dite, parce que nous avons besoin d'un socle commun transculturel et transreligieux, qu'il ne peut y avoir une bioéthique spécifique, indépendante de l'éthique générale. Simplement les progrès de la biologie ont été si rapides que c'est dans ce domaine que des questions inédites sont apparues. Mais il est indispensable d'y répondre au nom de l'éthique générale.

Dans celle-ci, faites-vous une place à l'exemplarité ? Qu'est-ce qu'une conduite exemplaire ?

Idéalement, tout comportement devrait résulter d'une décision personnelle prise après une analyse lucide. Suivre un exemple, c'est se défausser d'une responsabilité sur un autre. Donner l'exemple en proposant à l'autre de

suivre cet exemple, c'est l'encourager à une irresponsabi-
lité. Mieux vaudrait lui demander de mener à son terme
sa propre réflexion.

Notre société multiplie cependant les appels à suivre
des exemples; c'est notamment le cas des manifestes
publiés dans la presse avec la signature de quelques « per-
sonnalités ». Je déplore cette méthode, à laquelle pourtant
je m'associe souvent. En fait, je me sens comme piégé
lorsque je suis sollicité, car refuser ma signature serait
interprété comme un désaveu du texte proposé, avec
lequel pourtant je suis d'accord. Je signe, mais j'ai
conscience de la monstruosité de l'attitude consistant à
suggérer : telle opinion est bonne, puisque c'est celle
d'Albert Jacquard. Bonne ? mauvaise ? Les choses sont
moins simples et moins tranchées.

Peut-être faudrait-il accepter, dans l'éthique, de com-
pléter les deux notions traditionnelles de bien et mal
par celle de l'indécidable. Gödel* l'a montré en logique :
aucune affirmation ne peut être prouvée sans référence à
un corps de doctrine plus large; la recherche d'une
preuve définitive ne peut s'arrêter que si l'on admet
comme absolument vraie une parole initiale. Les religions
en semblent conscientes et se tirent du piège en prétendant être dépositaires d'une révélation; dès qu'une parole
est supposée avoir été dictée par Dieu, il n'est plus possible de mettre en doute sa valeur. Si l'on refuse ce confort
intellectuel, on doit accepter, en morale comme en
logique, de faire sa place à de l'*indécidable*.

Dans l'indécidable on perd beaucoup de ses repères,
mais justement c'est dans ce domaine que l'on peut faire
des choix personnels sans être contraint par une volonté
extérieure, donc exercer sa liberté.

Fraternité

> « Ne vouloir faire société qu'avec ceux qu'on approuve en tout, c'est chimérique, et c'est le fanatisme même. »
> ALAIN

« Mes bien chers frères » : *Il s'agit là des chrétiens considérés comme enfants de Dieu par le baptême. Ce sentiment de fraternité qui les unit ne les oppose-t-il pas en même temps aux « autres », aux non-chrétiens ou aux non-croyants ?*

Une fois de plus l'étymologie va se révéler éclairante. Le mot « frère » dérive d'un mot latin qui ne faisait nulle allusion à un lien parental. *Frater* désignait tout membre de l'espèce humaine, de la « famille humaine ». Si l'on voulait spécifier une descendance commune, il fallait ajouter l'adjectif « germain », évoquant le *germen*, la graine. Ce terme reste utilisé à propos des « cousins germains », ceux avec qui l'on a en commun un couple de grands-parents.

Aux yeux des premiers chrétiens, le sacrement du baptême donnait au baptisé une nouvelle nature ; du coup, l'humanité se trouvait séparée en deux groupes distincts, les chrétiens et les autres ; le terme « frère » a alors été réservé aux membres du groupe dont on faisait partie. Cette utilisation du mot s'est généralisée ; nombreuses sont aujourd'hui les collectivités, par exemple les diverses obédiences maçonniques, qui désignent comme frères ceux qui ont subi une initiation scellant leur appartenance.

Comme pour la plupart des mots souvent employés, son usage a fait perdre à ce « frère » beaucoup de sa précision. Son sens dépend essentiellement du contexte. Lorsqu'un prédicateur dans une église s'adresse à son auditoire par la formule consacrée : « Mes bien chers frères », on peut espérer qu'il ne considère pas seulement comme frères les chrétiens de l'assistance, mais la totalité des humains présents.

Pourrait-on définir la fraternité comme « la construction progressive de chacun » ? À la fin de Éloge de la différence, vous écrivez : « Quel plus beau cadeau peut nous faire l'« autre » que de renforcer notre unicité, notre originalité, en étant différent de nous ? »

Lorsque « frère » a pour sens « membre de la famille humaine », appeler l'autre « frère » n'est qu'une tautologie. Ce terme, en fait, est utilisé pour préciser une attitude face à l'autre, attitude fondée sur le constat d'un lien.

Ce lien, bien sûr, est biologique, créé par la possession d'un patrimoine génétique en partie commun. Il est aussi, et surtout, culturel, créé par la possible intervention de chacun dans la réalisation de la personne de l'autre. Lorsque je dis : « Tu es mon frère », je fais le constat de la présence de l'autre dans le tissu des liens qui me permettent de devenir moi.

On associe souvent les deux termes suivants : « fraternité universelle ». Diriez-vous que c'est le rêve suprême ? Que mettriez-vous alors sous cette expression : la paix, l'harmonie, ou la mise en commun ?

Tout humain que j'exclus des liens que je tisse est une source dont je me prive. Le rêve est donc de n'exclure personne, la « fraternité universelle » correspond à un réseau d'échanges étendu à tous mes semblables. La mise en commun, la paix, l'harmonie, sont des structures de relations favorables à la mise en place d'un tel réseau. Elles découlent d'une attitude indispensable : le respect.

Vous aimez, je crois, distinguer entre ce que vous appelez une « fraternité du passé », et une « fraternité de l'avenir », celle-là même que vous venez d'évoquer. Vous dites : « Mon passé me rend frère de tout. »

Cette affirmation correspond d'abord à ma réalité biologique. Dans cette optique, mon passé c'est ma généalogie ; si elle est reconstituée sur six millions d'années jusqu'à l'origine du genre Homo, je suis apparenté à tous les humains ; sur trois milliards d'années jusqu'à l'origine des êtres vivants, je suis apparenté à tous ces vivants ; sur quinze milliards d'années jusqu'à l'après big bang, je suis apparenté à tout ce qui existe dans l'univers. C'est ce qu'a exprimé saint François d'Assise, en s'adressant non seulement à ses « frères les oiseaux », mais à sa « petite sœur l'eau ». C'est aussi ce qu'expriment, en d'autres termes, les astrophysiciens lorsqu'ils affirment que nous sommes des « poussières d'étoiles ».

Mais mon passé c'est aussi l'ensemble de ce que j'ai reçu des générations précédentes. Sans bien le savoir, je suis le produit de toutes les angoisses, de tous les espoirs, de toutes les réflexions des humains qui ont vécu avant moi.

La fraternité de demain est la plus importante à vos yeux ; elle reste largement à inventer. Vous parlez volontiers de « solidarité planétaire » ? En quoi ce concept est-il très éloigné de celui de « mondialisation » ?

Le mot « solidarité » désigne aussi bien une interdépendance subie (toutes les pièces d'un moteur sont solidaires, car tout mouvement de l'une retentit sur les autres) que la prise en compte volontaire du sort des autres (les membres d'une cordée de haute montagne sont solidaires, car chacun est prêt à sacrifier son intérêt au profit des autres).

La mondialisation, dont on parle tant, répond à la première définition. Les progrès techniques, dans le transfert des informations et dans le transport des marchandises et des personnes, ont, au cours des dernières décennies, mis en place un réseau d'interactions si dense que les économies de toutes les nations se trouvent aujourd'hui dépendantes les unes des autres. Ce résultat n'est pas l'aboutissement d'un projet ; il a été obtenu sans avoir été désiré. Nul ne sait d'ailleurs s'il représente réellement un avantage global. Une des conséquences de cette mondialisation est la délocalisation, transfert de multiples activités des nations développées vers celles où les salaires sont les plus bas ; le résultat est l'extension du chômage ici, et l'extension de l'esclavage là-bas. À part quelques financiers, tout le monde perd.

Ces interactions sont si complexes que personne ne sait les gérer. Des processus non automatiquement régulés peuvent survenir, provoquant des crises économiques ou des bouleversements sociaux qui échapperont à la volonté des responsables. La métaphore de l'apprenti sorcier semble s'imposer. Dans cette mondialisation, les humains ne sont au mieux que des producteurs-consommateurs soumis aux caprices de la « conjoncture ». Peut-être vaudrait-il mieux se passer de cette forme de solidarité.

En revanche, la solidarité planétaire souhaitable repose sur des réponses communes de tous les hommes face aux difficultés rencontrées et aux épreuves que la nature leur impose. Les disparités de niveaux de vie actuelles donnent la mesure des progrès à accomplir dans cette voie.

Le premier domaine où cette solidarité pourrait se concrétiser est le système éducatif. Nous l'avons vu, le problème posé par l'explosion démographique ne peut être raisonnablement résolu que par une généralisation de l'éducation. Or, en raison même de leur pauvreté, les pays non développés ne peuvent en supporter la charge. Pourquoi ne pas la partager avec les pays riches ? Tant que l'éducation de tous les hommes ne sera pas considérée comme une tâche globale de l'ensemble de l'humanité, à laquelle chaque État participe proportionnellement à sa richesse, tout discours sur la solidarité ne sera que mensonge.

La Communauté culturelle méditerranéenne, en faveur de laquelle vous militez, est-elle une première étape dans la réalisation de cette utopie ?

Avant de construire un grand avion, l'industriel perfectionne ses procédés en construisant un avion plus petit. Il lui est facile ensuite d'extrapoler. Cette procédure est sans doute vraie aussi pour la gestion des grands ensembles humains. Mettre en place une communauté des peuples de la Méditerranée est un exercice permettant de mieux organiser ensuite la communauté de l'ensemble des nations. Ce sera un exercice limité concernant moins d'un dixième de l'humanité. Les liens qui se sont créés au cours de quelques milliers d'années entre tous ces peuples devraient permettre d'aboutir à une véritable communauté ; mais les conflits actuels mettent en évidence les obstacles à franchir.

Est-ce une utopie ? Ce mot ne désigne nullement un rêve inaccessible. Écoutons Théodore Monod : « Une utopie est un projet réalisable, qui n'a pas encore été réalisé. » Pourquoi ne pas essayer ?

En somme, vous voulez essayer de diminuer les différences ?

Nullement. La fraternité a pour résultat de diminuer les *inégalités* tout en préservant ce qui est précieux dans la *différence*. Reprenons l'exemple de la Méditerranée. Aujourd'hui, les 170 millions de Méditerranéens vivant dans les nations membres de l'Union européenne disposent d'un revenu de 19 000 dollars par personne et par an ; les 230 millions des autres nations d'un revenu de 1 900 dollars ; dix fois moins. Un des objectifs de la Communauté sera de rendre moins insupportable cette disparité. En revanche, elle devra simultanément préserver la diversité des cultures.

C'est parce que nous sommes différents que notre fraternité a du sens; et cette fraternité doit se traduire par l'égalité des devoirs et des droits.

Égalité qui fait la matière de notre éducation civique; ou qui devrait le faire...

Le rôle de l'école est d'intégrer un petit d'homme dans la communauté humaine, de transformer un individu en une personne. Répétons-le : éduquer c'est *e-ducere*, c'est conduire un jeune hors de lui-même, le faire exister dans les échanges qu'il vit avec les autres. C'est donc l'introduire dans le réseau des frères humains.

Le combat contre l'intégrisme aujourd'hui ne passe-t-il pas par un apprentissage de la fraternité? En quoi la laïcité peut-elle favoriser le vrai respect de l'autre?

La plupart des religions recommandent d'aimer son « prochain ». Le fait est que, malgré ce bel objectif, elles ont souvent sécrété des comportements d'exclusion des « païens », des « infidèles », des « ennemis du vrai Dieu », qui n'étaient plus regardés comme des prochains, des frères, mais comme des adversaires à éliminer. Ce n'est pas au nom d'une volonté divine qu'il faut « aimer son prochain », mais au nom de notre lucidité sur la réalité humaine. Cette lucidité est pour moi le fondement de la laïcité.

Encore une fois, pour justifier la fraternité, il n'est nul besoin de faire appel à des notions qui tombent du ciel. Il suffit de regarder en face la réalité humaine. Biologiquement, Homo sapiens est, comme toutes les autres espèces, l'aboutissement d'une évolution. Il se trouve que ce cheminement a fait de lui le champion de la complexité et que cette complexité lui a procuré une capacité qu'il est le seul à avoir reçue : il peut créer avec les autres membres de l'espèce des interactions si subtiles qu'elles font de cet ensemble une structure globale plus complexe encore que chacun de ses membres. Homo a été capable de construire l'humanité. Cette construction est sa spécificité. Être humain, c'est y participer, c'est donc se sentir frère des autres humains.

Bien sûr, cette construction ne sera jamais achevée. Il faudra, génération après génération, apprendre aux humains la solidarité, la participation à l'action humanitaire, le sens de la responsabilité. La continuité biologique de l'humanité est assurée par le mécanisme de la procréation. Sa continuité culturelle ne l'est que par le système éducatif; et ce système est parfois entre les mains de personnages qui pensent plus à l'équilibre budgétaire d'une nation qu'à la poursuite de la véritable aventure humaine. Nous pouvons constater, en cette fin du xxe siècle, que le danger est grand d'un retour à la barbarie.

En vous écoutant, je ne peux pas ne pas songer à ce que dit Levinas de la fraternité et d'autrui. Il écrit dans Totalité et Infini : « *L'être qui s'exprime s'impose, mais précisément en en appelant à moi de sa misère et de sa nudité — de sa faim — sans que je puisse être sourd à son appel. De sorte que, dans l'expression, l'être qui s'impose ne limite pas mais promeut ma liberté, en suscitant ma bonté. »*

Vous dites vous-même qu'après avoir vu des enfants sur des tas d'ordures, vous sentiez votre responsabilité engagée. Le visage de ces enfants, vous l'avez vécu comme un « appel ». C'est ce que dit Levinas : « Ce visage [...] atteste la présence du tiers, de l'humanité tout entière, dans les yeux qui me regardent. » Il poursuit : « C'est ma responsabilité en face d'un visage me regardant comme absolument étranger [...] qui constitue le fait originel de la fraternité. » Et un peu plus loin : « Le statut même de l'humain implique la fraternité et l'idée même du genre humain. Elle s'oppose radicalement à la conception de l'humanité unie par la ressemblance, d'une multiplicité de familles diverses sorties de pierres jetées par Deucalion derrière son dos et qui, par la lutte des égoïsmes, aboutit à une cité humaine. La fraternité humaine a ainsi un double aspect, elle implique des individualités dont le statut logique ne se ramène pas au statut de différences ultimes dans un genre ; leur singularité consiste à se référer chacune à elle-même. Elle implique d'autre part la communauté du père, comme si la communauté du genre ne rapprochait pas assez. Il faut que la société soit une communauté fraternelle pour être à la mesure de la droiture — de la proximité par excellence — dans laquelle le visage se présente à mon accueil. Le monothéisme signifie cette parenté humaine, cette idée de race humaine qui remonte à l'abord d'autrui dans le visage, dans une dimension de hauteur, dans la responsabilité pour soi et pour autrui. » Un commentaire ?

Impossible de commenter, j'admire trop. Mon lent, et parfois lourd cheminement qui se veut scientifique rejoint, il me semble, cette vision à la fois philosophique et poétique. Je ne peux que dire merci à Emmanuel Levinas.

Génétique

« Si je diffère de toi, loin de
te léser, je t'augmente. »

ANTOINE DE SAINT-EXUPÉRY

*Et si nous commencions par une définition ? Qu'est-ce que
la génétique ?*

C'est la science qui s'efforce de tirer les conclusions de
la compréhension récente du processus grâce auquel des
êtres vivants donnent naissance à d'autres êtres vivants.
Ce processus présente en fait deux modalités bien dis-
tinctes : dans certains cas, un individu se dédouble et
produit un être identique à lui-même, c'est la « reproduction » ; dans d'autres, deux êtres coopèrent pour produire
un troisième, c'est la « procréation ». Le fait que nous
employions parfois ces deux termes l'un pour l'autre est
révélateur de notre difficulté à comprendre ces événements, qui ne sont mystérieux qu'en apparence. Il est
clair, par exemple, que notre espèce est capable de procréer mais incapable de se reproduire ; le terme « reproduction » est pourtant constamment employé à propos
des humains.

*La génétique est une science récente. Et pourtant que de
découvertes en si peu d'années !*

Ce n'est qu'en 1952, il y a un peu moins d'un demi-siècle, qu'a été découverte la molécule d'ADN dont la structure permet d'expliquer à la fois comment elle peut se dédoubler, c'est-à-dire fournir une copie d'elle-même, et porter les informations grâce auxquelles un être vivant peut se constituer et se développer. Cette découverte a totalement bouleversé notre conception de la « vie », au point que ce terme a pratiquement été vidé de son sens. Les êtres dits « vivants », végétaux ou animaux, sont ramenés au statut d'objets soumis exactement aux mêmes interactions entre les éléments qui les constituent que celles à l'œuvre dans un quelconque caillou ; ils s'inscrivent dans la collection infiniment diverse des objets réalisés par les processus naturels. Leurs performances apparemment extraordinaires sont simplement la conséquence de leur fabuleuse complexité. Ainsi se trouve réunifié le monde concret qui nous entoure, et dont nous faisons partie.

Le paradoxe de la procréation avait été élucidé un siècle plus tôt. Paradoxe, car il s'agit de la réalisation d'un individu à partir de deux autres ; or un individu est, par définition, un être indivisible, il ne peut donc, en bonne logique, avoir deux sources. La solution proposée depuis toujours était de nier cette double source et d'admettre qu'un seul géniteur jouait un rôle décisif. D'où les querelles, notamment au XVIIIᵉ siècle, entre spermatistes imaginant l'enfant préfabriqué dans un spermatozoïde, et ovistes, le localisant dans un ovule. À partir de ses expériences sur les pois, Mendel eut l'intuition que le processus de la procréation comportait une séparation en deux parts de l'information biologique reçue par chacun des géniteurs ; ceux-ci sont donc divisibles ; ils ne sont pas, à proprement parler, des individus, mais des « dividus ». L'idée, toutefois, était si révolutionnaire que personne ne la comprit ; ce n'est qu'en 1900, en raison de nouvelles découvertes, en particulier la présence des chromosomes dans les noyaux des cellules, que le concept mendelien fut accepté.

Quant à l'évolution de l'ensemble des espèces à partir

d'une origine commune (sans doute des algues bleues apparues dans les océans il y a trois milliards et demi d'années), elle est un fait maintenant admis par tous les scientifiques. Mais quel a été le moteur de cette évolution? La réponse de Lamarck était l'hérédité des caractères acquis; celle de Darwin était la sélection naturelle. Mais ces auteurs ignoraient le processus de transmission des caractéristiques biologiques; ils ne pouvaient proposer des solutions réellement fondées. La génétique des populations permet de tirer les conséquences de ce qui constitue l'essentiel de ce processus : ce qui est transmis de génération en génération, ce ne sont pas les caractères observables, les « phénotypes », mais les ensembles de gènes qui gouvernent ces caractères, les « génotypes ».

De multiples paramètres doivent être pris en compte : fécondité, mortalité, système de choix du partenaire sexuel, mutations, migrations, effectif des groupes. Il est commode d'isoler certains de ces paramètres en étudiant des populations dans lesquelles ils sont pratiquement constants, ou facilement mesurables. D'où l'intérêt, notamment dans les populations humaines, des « isolats », ensembles d'individus restés longtemps sans échanges génétiques avec les autres groupes.

Toutes ces découvertes remplacent ce qui semblait un mystère par des processus parfaitement naturels; peu à peu nous les analysons; nous en précisons chaque phase; nous nous rendons capables de modifier leur déroulement. Après être devenus des Homo faber transformant notre milieu, nous sommes en passe de devenir des Faber hominis nous transformant nous-mêmes. Ce qui nous place devant des responsabilités toutes nouvelles.

Sans entrer dans le détail, dites-nous ce qu'est la double hélice de l'ADN et le code génétique.

Je ne vous infligerai pas ici un cours de biochimie. Contentons-nous de la logique des événements permis par ces molécules clés que sont les ADN et les ARN.

Toutes sont des séquences de structures chimiques appartenant à quatre catégories, A, T, G, et C pour la molécule d'ADN. Ces structures, composées d'une vingtaine d'atomes sont, comme toutes les molécules, attirées par les unes, repoussées par les autres. Il se trouve que les liens entre ces quatre structures sont particulièrement forts ; elles se soudent l'une à l'autre pour former un long brin où leur succession est par exemple TGGCAATCG... De plus une attirance, moins forte, se manifeste entre A et T, entre G et C. Face au brin précédent se crée donc le brin complémentaire, avec la séquence ACCGTTAGC... Mais ces deux brins ne sont accolés l'un à l'autre que faiblement ; ils peuvent se séparer et chacun d'eux provoque la constitution du brin complémentaire ; au double brin succèdent ainsi deux doubles brins identiques. Il y a bien eu « reproduction ». À notre connaissance, la seule structure matérielle capable de cette performance est l'ADN.

La molécule d'ARN est également constituée d'une séquence de structures chimiques de quatre types, mais un U est substitué au T. Un parallélisme peut ainsi être réalisé entre ADN et ARN. Certaines de ces dernières, les ARN dites « de transfert », comportent notamment deux sites qui permettent la traduction des séquences présentes sur un ADN et la succession des acides aminés qui constituent les protéines. Celles-ci, qui constituent l'essentiel des tissus vivants, sont elles aussi de longues séquences dont les éléments sont des assemblages chimiques, dits « acides aminés », qui sont présents sous vingt formes. Construire une protéine c'est donc faire se succéder des acides aminés en un ordre précis. Cet ordre est défini par la succession des bases sur la molécule d'ADN. La correspondance est assurée par ces ARN de transfert qui, à chacune des soixante-quatre combinaisons possibles de trois bases, lient l'un des vingt types d'acides aminés. À cette correspondance, on a donné le nom de « code génétique ».

L'important, au-delà de la complication des mécanismes en jeu, est de comprendre combien ils sont rigoureusement déterministes, et permettent, par conséquent, une intervention permettant d'en modifier le déroulement.

Car chaque caractéristique apparente d'une espèce est sous la dépendance plus ou moins directe d'un ou plusieurs gènes ; elle résulte également des effets de l'environnement, ce sont là deux sources, l'« inné » et l'« acquis », qui coopèrent pour produire le phénotype. Pour modifier une caractéristique, on peut agir sur l'environnement, mais les effets seront limités aux individus soumis à de nouvelles conditions ; les transformations obtenues ne seront pas transmises aux descendants. En revanche, si l'on modifie les gènes, le changement sera définitif, tous les descendants en seront affectés. Les manipulations génétiques (terme auquel on préfère celui de « génie génétique ») permettront sans doute bientôt (et permettent déjà dans certains cas) de modifier selon nos désirs les caractéristiques des animaux domestiques, d'obtenir des vaches meilleures laitières, des poules pondant plus d'œufs. Mais il est bien rare que le changement d'un caractère n'ait pas de conséquences sur les autres, et ces conséquences ne sont pas toujours bénéfiques. L'enthousiasme initial fait place actuellement à des constats moins triomphalistes.

C'est évidemment dans le cas de notre propre espèce que les précautions sont les plus nécessaires ; nous sommes obligés de constater que toute avancée technique ne représente pas obligatoirement un progrès humain. Éliminer les gènes responsables de maladies aussi atroces que l'agénésie du corps calleux ou que certaines myopathies apportera certes un mieux être aux hommes ; mais où mettre la frontière entre ce qui est à supprimer et ce qui n'est qu'écart à la norme enrichissant la variété de l'espèce ?

D'où la nécessité de ce que j'ai appelé dans un précédent chapitre une « démocratie de l'éthique », où le peuple lui-même élabore les règles qui doivent régir ces nouveaux pouvoirs.

Hitler

« C'est l'être même de l'homme, Esse, que le génocide raciste a tenté d'annihiler dans la chair douloureuse de ces millions de martyrs. »

Vladimir JANKÉLÉVITCH

L'histoire du xxᵉ siècle, avec l'expérience de la Shoah, oblige à remettre à l'ordre du jour le problème du mal. On ne peut nier la réalité du mal, ni même le justifier. Où se situe-t-il ? En l'homme ? Je pense à la phrase de Malraux : « Je cherche la région cruciale de l'âme où le mal absolu s'oppose à la fraternité. »

Aucun objet ne peut avoir d'existence seul. Pour le définir, il faut désigner ce qui lui appartient, et, par là même, définir l'ensemble de ce qui n'est pas lui. Caractériser « A », c'est simultanément caractériser « non-A ». Il en est de même pour les concepts ; penser le « beau » c'est nécessairement penser le « non-beau » ; la beauté n'a d'existence que par l'existence de la laideur. On peut imaginer une culture qui ignore la classification des objets selon ce critère ; mais on ne peut en imaginer une qui connaîtrait le beau et ignorerait le laid.

Il en est de même pour le « mal ». Il s'agit des actes que je réalise : pour ne pas mourir de faim, je pêche un poisson et le tue ; pour me débarrasser d'un homme qui me gêne, je l'attaque et le tue. Ces deux actions peuvent être regardées indépendamment de tout jugement de *en effet !*

valeur. Elles sont le résultat de ma liberté, l'aboutissement de séries causales qui se sont déroulées selon leur propre logique. Elles ne sont, en elles-mêmes, ni bonnes ni mauvaises ; elles sont.

Le « problème du mal » ne se pose que si je porte un jugement sur ces actes, en cherchant à justifier les uns, à stigmatiser les autres. Ce jugement nécessite de se référer à une règle définie auparavant.

C'est donc dans la capacité des hommes à imaginer une morale qu'il faut chercher la source du « mal ». Pour les autres vivants, ce mal n'a pas de définition. Les processus naturels se déroulent aveuglément, sans autre objectif apparent pour chaque être que de poursuivre son existence, ou celle de son espèce.

L'invention d'une morale n'est pas cependant un acte gratuit qui aurait pu ne pas être. Elle découle directement de notre capacité à penser à l'avenir. Contrairement aux autres animaux, nous savons que demain sera ; et nous constatons que nous pouvons intervenir dans les événements qui créent ce demain. Nous introduisons ainsi la finalité dans le petit coin du cosmos où nous pouvons agir. Il nous faut donc choisir parmi les actes possibles, et, pour choisir, nous référer à des critères permettant de considérer tel acte comme « bien », tel autre comme « mal ». Pour obtenir ces critères venant d'ailleurs, Moïse a fait l'ascension du mont Sinaï. De quelle montagne les hommes d'aujourd'hui vont-ils faire l'ascension ?

C'est aussi un peu la question que se pose Hans Jonas, dans Le Concept de Dieu après Auschwitz, *où il écrit que Dieu a « pris un risque » en laissant l'homme libre...*

Si l'on explique la réalité actuelle de l'univers par la volonté d'un Créateur qui aurait tout décidé, il est clair qu'il a pris un sacré risque en donnant à l'une de ses créatures la possibilité de décider à son tour.

Certes, la science du XXᵉ siècle s'est éloignée de la conception de Laplace qui ne voyait dans l'univers que

des déterminismes à l'œuvre; dans cette optique, le passage d'aujourd'hui à demain est rigoureusement prévisible; l'avenir est compris dans le présent. Nous savons
aujourd'hui que les choses ne sont pas si simples; au
niveau des particules élémentaires, l'indétermination
prévaut; au niveau macroscopique, l'enchevêtrement des
déterminismes entraîne l'imprévisibilité à long terme.
Pour autant, les objets qui nous entourent ne sont pas
libres, car ils sont soumis; ils n'ont pas de prise sur leur
devenir. Or cette prise, nous l'avons.

Nous pouvons choisir. Mieux, ou pis, nous sommes
obligés de choisir; nous n'avons pas la liberté de ne pas être
libres. Que ce cadeau ait été fourni par le Créateur ou qu'il
résulte de l'aboutissement local de l'élan de l'univers vers
toujours plus de complexité, peu importe; il nous faut
« faire avec », et constater que, parfois, il s'agit d'un cadeau
empoisonné.

*Mais le poison n'a jamais été aussi violent que dans le cas
dont nous parlons. Vladimir Jankélévitch, dans* L'Impres-
criptible, *parle, à propos des crimes nazis, de « crimes contre
l'essence humaine », contre l'hominité, d'actes qui annihilent
l'homme.*

Le choix initial, dont découlent tous les autres, est le
regard que nous portons sur nous-mêmes et nos semblables. Ou ce regard est porteur de respect ou il l'est de
mépris. Mais, une fois ce choix fait et proclamé, il faut en
tirer les conséquences. La pire attitude est d'afficher,
comme le font tant de sociétés, le choix du respect et de
se comporter quotidiennement en acceptant le mépris.
Tel est le cas des nations qui se réfèrent officiellement à
l'Évangile et qui mettent dans leur arsenal juridique la
peine de mort. Est « inhumain » tout acte qui avilit la
personne humaine.

Mais dans le cas des nazis, un seuil supplémentaire a
été franchi dans la monstruosité; ils ne s'attaquaient pas
seulement aux personnes mais à des collectivités qu'ils

voulaient extraire de l'humanité, comme on extrait une dent malade. Leur crime est tel que l'adjectif « inhumain » est insuffisant, il faudrait des mots nouveaux montrant qu'ils détruisaient ce qui est spécifique à notre espèce ; et qu'ils le détruisaient à la fois chez leurs victimes et en eux-mêmes.

Cet attentat à l'encontre de l'homme a été, sous sa forme la plus systématique, l'œuvre de l'Allemagne nazie dont les responsables ont décidé et organisé rationnellement l'extermination de plusieurs millions de Juifs et de centaines de milliers de Tziganes. Peut-on parler d'une spécificité, d'une singularité de l'extermination des Juifs par les nazis, d'un phénomène unique dans l'histoire mondiale, dans la mesure où jamais auparavant un État n'avait décidé, sous l'autorité de son responsable suprême, qu'un groupe d'hommes devait être exterminé ?

L'Histoire est riche d'abominations commises par les hommes ; par millions les Amérindiens ont été massacrés, les Noirs d'Afrique ont été déportés. Ceux qui les commettaient ou qui les ordonnaient avaient en général conscience d'agir contre les règles de la morale ; ils se justifiaient par les nécessités de la guerre ou de la production. Ce besoin de justification est, par exemple, manifeste dans le « Code noir » de l'Église romaine présentant l'esclavage comme un moyen de faire accéder les Africains à la vraie religion.

Les génocides perpétrés par les nazis n'avaient pas, à leurs yeux, à être justifiés ; ils les considéraient comme une action bénéfique pour l'espèce humaine, dont il fallait éliminer les parties mauvaises. Le fait que les trains emmenant les juifs à Auschwitz aient eu priorité sur les trains de la Wehrmacht montre que leur destruction était un objectif plus important que la victoire militaire. Les nazis ne supprimaient pas les Juifs afin de plus facilement gagner la guerre ; ils voulaient gagner la guerre afin d'accomplir leur œuvre de destruction du peuple juif. En cela leur crime est unique.

De plus, il se situe dans une période de l'histoire où la maîtrise apportée par la science avait fait des progrès fabuleux. Les nazis l'ont détournée pour la mettre au service de leurs fantasmes. Les premières découvertes de la génétique ont été perverties par eux pour présenter le racisme comme scientifique. Un généticien, Von Verschuer, directeur de l'Institut d'anthropologie de Berlin, a félicité Hitler d'être « le premier homme d'État qui ait fait des données de la biologie héréditaire un principe directeur de la conduite de l'État ». Or, la génétique aboutit au constat que, pour l'espèce humaine, le concept de race est arbitraire, « non opérationnel », écrit François Jacob.

*Vous qui avez beaucoup travaillé sur la notion de « race », précisément, pensez-vous que la doctrine raciste, apparue dans notre histoire en 1856 (récemment en fait) avec l'*Essai sur l'inégalité des races humaines *de Gobineau, qui exalte la race aryenne et annonce la décadence de la civilisation résultant du mélange des sangs et des races, ait pu influencer les hommes du III*ᵉ *Reich ? Il fallait éliminer purement et simplement les « déviants », les handicapés, les Juifs, les Tziganes, car ils n'étaient pas assimilables.*

La recherche d'une classification des hommes en races plus ou moins bien définies n'est pas en soi perverse. Il se trouve que, pour certaines espèces, cette classification est relativement rigoureuse. Il faut, pour cela, que les différences entre les patrimoines génétiques des diverses populations soient importantes face aux différences de ces patrimoines entre les individus. Pour notre espèce, c'est le contraire qui est constaté. Cette recherche ne peut donc aboutir à des définitions de races ayant un sens biologique.

Les anthropologues du XIXᵉ siècle qui s'efforçaient de définir des races ne peuvent être taxés de racisme ; le sont devenus ceux qui, au-delà d'une classification, ont prétendu définir une hiérarchie, certaines races étant « meilleures » que d'autres. Dans cette voie, Gobineau a, en effet, été un précurseur. Étrangement, il mettait au sommet de sa hiérarchie les « aryens », or ce terme désignait non un ensemble de peuples mais un ensemble de langues, les langues « indo-européennes ». Utiliser ce mot pour désigner une race était donc dépourvu de signification. Malgré ce contresens, Gobineau a inspiré la pensée d'un politicien anglais disciple de Wagner, Houston Steward Chamberlain, puis apporté des matériaux aux élucubrations de *Mein Kampf*.

L'opposition entre les conceptions des racistes et celle des biologistes est mise en évidence par la notion de « race pure ». Pour les premiers, une race doit se préserver des mélanges, sous peine de décadence ; les métis sont, par nature, imparfaits. Pour les seconds, tout au contraire, la valeur d'un patrimoine génétique collectif vient de sa diversité ; l'adjectif « pur » doit s'entendre « pauvre ».

Du fantasme d'une race pure à l'élimination des impuretés, il n'y a évidemment qu'un pas. Diriez-vous, comme Paul Ricœur dans La Critique et la Conviction, *que « la mort en masse » est toujours révélatrice du totalitarisme : il s'agit bien là d'une extermination institutionnelle, ce qui n'était le cas ni des Croisades ni même de l'Inquisition ? Et pensez-vous comme lui que le totalitarisme implique la destruction du lien social, la communauté des hommes réduite à l'état de masse indifférenciée ?*

Le totalitarisme commence-t-il avec le xxᵉ siècle ? Il me semble que les religions manifestent déjà une forme de totalitarisme lorsque, au-delà d'un individu, elles veulent débusquer le démon qui agit en lui, et ce au nom d'une doctrine qui s'intéresse au « tout » et non pas aux éléments qui le composent. Les Inquisiteurs n'étaient-ils pas totalitaires lorsqu'ils torturaient un pauvre diable dans l'idée de lutter contre ce Tout partout présent et agissant qu'est le Diable ? Et d'ailleurs, n'en va-t-il pas de même chaque fois qu'une personne est regardée non comme une réalité en soi, mais comme un simple représentant de l'idéologie, de l'opinion, ou de la « race » qu'elle est supposée représenter?

Le nazisme a poussé cette attitude à l'extrême en faisant un « tout » non seulement de ses ennemis, mais également du peuple allemand lui-même, qui n'était plus qu'une machine, combien efficace, entre les mains de ses dirigeants. Pour autant, on ne peut affirmer que la mise en place de cette machine ait détruit le tissu social de ce peuple et l'ait réduit à l'état de masse inerte. Au contraire, les liens entre tous ses membres étaient d'une rigueur extrême. C'est la nature du tissu social qui avait été transformée.

Ce tissu est fait des liens que les personnes établissent entre elles. La démocratie suppose que les interactions entre elles sont réciproques; les flèches causales sont à double sens. Le totalitarisme, au nom de l'efficacité, instaure des rapports univoques, mettant en place une hiérarchie où chacun a pour fonction d'obéir aux ordres. Le modèle de cette structure est l'armée dont, dit-on, « la force principale est la discipline »; il est aussi celui des sectes et, hélas parfois, celui des Églises. Le diabolisme des nazis a été d'imposer ce modèle à un peuple entier.

Compte tenu de son histoire, et surtout de son niveau d'éducation, le peuple allemand aurait dû pouvoir résister collectivement, mieux que d'autres, à cette tentation. Qu'il ait pu se laisser entraîner dans ce tourbillon pose un problème à tous les peuples. L'explication la moins inquiétante repose sur le constat du désespoir dans lequel la défaite de 1918, l'inflation, le chômage, avaient plongé les Allemands. Ils en étaient au point où toute solution amenant un changement paraît acceptable. Or Hitler leur promettait — et sur ce point il a tenu parole — un changement radical.

Mais il est vrai aussi qu'il n'aurait pu s'imposer sans les couches dirigeantes conservatrices, sans la compromission de la bureaucratie allemande et des forces militaires. Il y a eu une vraie responsabilité des élites.

L'adhésion massive à la personne de Hitler résulte nécessairement de la conjonction de multiples causes. La plus inquiétante est la passivité des classes dirigeantes face aux mesures antisémites. Rappelons cette phrase d'Einstein dans une lettre à Paul Valéry en 1933 : « Le plus grave est le fait que, dans ce grand pays, il ne se soit trouvé presque personne, et absolument aucune organisation, qui ait osé s'élever au nom de la culture et de la justice contre l'élimination de tant de travailleurs intellectuels de valeur et contre leur anéantissement matériel. » Cette passivité des élites ainsi que le stupide machiavélisme des dirigeants d'entreprises qui ont cru se servir d'Hitler pour parvenir à leurs fins doivent être médités par tous ceux qui ne réagissent pas face à des orientations qu'ils estiment néfastes. Il faut savoir être un citoyen, c'est-à-dire « faire de la politique ». Certes, en faire c'est courir le risque de se tromper ; mais n'en pas faire est être sûr de se tromper.

Au procès du dirigeant nazi Eichmann en 1963, Hannah Arendt a refusé de voir en l'accusé un tortionnaire sadique, déséquilibré. Elle l'a au contraire présenté comme un fonctionnaire très scrupuleux faisant son devoir, obéissant. Qu'en pensez-vous ?

Il est très probable que la vision d'Hannah Arendt est conforme à la vérité. Eichmann a été obéissant. Mais justement il faut enfin comprendre que l'obéissance aveugle est une attitude « inhumaine ».

Doit-on, au nom des victimes, veiller à ne pas confondre cette négation totale de l'humain avec tous les autres crimes accomplis au cours de l'Histoire ? Ce n'est plus la guerre, c'est « immonde », comme le dit Alain Finkielkraut dans La Mémoire vaine *: « Il y a le monde, en effet, dont la guerre fait encore partie, et il y a l'immonde. Ce n'est pas la même chose d'être un ennemi et d'être un gibier. »*

Le projet nazi était par définition inhumain. Mais ce projet collectif a été accompagné d'actes individuels

« immondes » qui n'étaient pas nécessairement impliqués par les ordres reçus. Le désir d'avilir, de torturer, de trouver une jouissance dans la possibilité de faire souffrir, a une autre source.

Je ne crois nullement que ce soit là un retour à l'animalité. Les animaux sont brutaux, ils ignorent la pitié ; mais ils ne peuvent se réjouir de la souffrance de leur victime, car ils ignorent cette souffrance. L'inhumanité, au sens où nous l'entendons, est une caractéristique spécifiquement humaine. Il faut être un homme doué d'imagination et de raisonnement pour inventer le raffinement sadique dans la destruction de l'autre qu'ont manifesté, entre autres, les nazis. La recherche de cette jouissance provient sans doute de la frustration engendrée par l'appartenance à une société totalitaire dont le tortionnaire sait qu'il n'est qu'un rouage. C'est, peut-être, par besoin d'exister à titre personnel que les SS des camps ajoutaient leurs propres sévices à ceux qui étaient ordonnés par la hiérarchie. Ainsi peut-on expliquer la double attitude de ces tortionnaires se comportant dans leur famille comme de bons pères. C'est finalement dans l'appartenance à une société totalitaire qu'il faudrait chercher la source de cette inhumanité.

L'inhumain, donc, ne serait pas étranger à l'homme. Ne devons-nous pas reconsidérer la conception de l'histoire humaine comme progrès ?

Dans l'histoire de l'humanité, le terme progrès peut s'appliquer à l'avancement des sciences et des techniques. Il ne peut être utilisé pour le comportement en société. Le seuil décisif a été dépassé avec l'acquisition de la conscience d'être et la possibilité d'un libre choix de nos actes. Cette liberté implique définitivement que chaque humain puisse opter pour le mal, condition de la possibilité d'opter pour le bien.

Le seul progrès imaginable est de rendre ce choix aussi clair que possible. C'est là le rôle premier de l'éducation.

Que, du moins, celui qui opte pour la barbarie soit averti des implications de son choix pour les autres et pour lui-même.

Le meilleur moyen de parvenir à cette conscience des conséquences est de ne pas oublier les événements passés. Les oublier ou les travestir permet de reproduire les pires erreurs. C'est pourquoi la lutte contre les « négationnistes » qui minimisent les crimes nazis ou même présentent comme mensongère leur description est aujourd'hui nécessaire. Dans l'émotion provoquée par la découverte de l'horreur des camps, une première évaluation du nombre des victimes juives — 6 millions — a été admise ; les travaux des historiens ont permis de préciser cette évaluation ; selon les modes de calcul, elle varie de 5,1 à 5,9 millions. Les « révisionnistes » en concluent qu'aucun chiffre fiable ne peut être avancé et suggèrent que le génocide juif n'est qu'une invention d'un « lobby » intéressé par la consolidation de l'État d'Israël. Accepter cet oubli serait recréer les conditions pour une récidive. La mémoire est indispensable si l'on veut que se concrétise le souhait du « jamais plus ».

Mais ne nous leurrons pas : le totalitarisme sera toujours une tentation. Il apporte une efficacité immédiate facilement opposable aux lents processus de la démocratie. Il fournit à tous le confort de ne pas avoir à décider tout en ayant le sentiment de contribuer à une œuvre commune. Comment ne pas être fasciné par ceux qui prétendent détenir la vérité, décrivent le chemin à suivre et prouvent, dans une première phase, qu'ils sont capables d'améliorer la situation ? Les choses allaient tellement mieux pour les Allemands en 1935, deux années après l'arrivée d'Hitler ! Rares ont été ceux qui ont su échapper à cette fascination ; l'aboutissement cependant ne pouvait être que l'Apocalypse.

Imagination

> « Ce n'est pas la crainte de la folie qui nous forcera à laisser en berne le drapeau de l'imagination. »
>
> ANDRÉ BRETON

Toute une tradition philosophique, depuis Platon, a fait de l'imagination une forme abâtardie de la connaissance. Malebranche l'appelait « la folle du logis », et Pascal « la maîtresse d'erreur et de fausseté ». Vous inscrivez-vous dans cette tradition ?

Dans notre recherche de la compréhension de l'univers, l'imagination est une anticipation de la connaissance. Cette anticipation n'est nullement à un degré plus bas, elle fait partie du cheminement qui, peu à peu, nous rapproche du réel.

Ce phénomène d'éclairage soudain précédant la découverte se produit même en mathématiques ; le chercheur a l'intuition d'une démonstration possible avant d'en avoir fait dérouler les étapes successives.

Sans imagination il ne pourrait y avoir création. Elle est donc l'activité intellectuelle non seulement la plus féconde mais la plus noble.

Une fois qu'une connaissance est acquise, nous nous reposons sur elle comme un avare sur son tas d'or, savoir n'a rien d'exaltant : connaître avec précision la distance de la Terre à la Lune est un acquis rangé dans un coin d'une encyclopédie, il y a peu d'enthousiasme à en attendre.

En revanche, inventer les moyens astucieux qui nous permettront de mesurer cette distance procure la joie d'une bataille engagée et bientôt victorieuse. De même est profonde la joie du romancier qui imagine les aventures de ses héros, ces personnages dont il est le créateur.

Quant aux méchancetés de Malebranche et de Pascal que vous citez, elles me donnent envie de défendre cette « folle ». Si elle n'était pas là, le logis serait bien terne, poussiéreux, gris, triste. Bachelard l'a bien vu : c'est elle, l'imagination, qui apporte le « plus » faisant de nous des animaux autres.

Ce qui nous distingue est notre capacité à penser l'avenir, donc à faire des projets. Or l'avenir n'existe pas. Nous constatons qu'aujourd'hui a succédé à hier, et nous en déduisons que demain succédera à aujourd'hui. Mais rien ne nous oblige à y croire, et nos cousins des autres espèces ne semblent guère y songer. Penser à l'avenir n'est possible qu'en acceptant de laisser jouer l'imagination.

À coté de notre mariage de raison parfois ennuyeux avec la logique, nos aventures amoureuses avec l'imagination nous font entrer dans de joyeux espaces de création. Seule l'imagination nous propose un autre regard. Mais son intervention n'exclut nullement la raison. Ne confondons pas imaginaire et irrationnel. L'imagination n'est vraiment dangereuse que si la raison lui apparaît comme une contrainte insupportable ; alors toutes les absurdités deviennent possibles. Notamment lorsque l'imagination est appelée pour suppléer notre impuissance, comme dans le cas des actes superstitieux. Ce n'est pas alors l'imagination qu'il faut incriminer mais le refus du recours simultané à la raison.

C'est finalement l'attelage imagination-raison qui nous permet d'aller plus avant dans la connaissance, l'imagination fournissant les règles qui permettent de pourchasser les erreurs, ouvrant de nouvelles perspectives, apportant de nouveaux concepts, donnant un nouveau regard sur le réel.

Mais elle peut aussi tout fausser, tout obscurcir. Si elle est une reine sans contre-pouvoir, elle n'apportera qu'illusions. Ne chassons pas cette reine, mais sachons refuser, au nom de la raison, certains des cadeaux trop magnifiques qu'elle nous propose. Certes il est nécessaire de bien distinguer ce qui est imaginé de ce qui est connu, démontré ; il y a danger de confusion ; mais ce danger ne mérite pas que l'on regarde l'imagination comme un ennemi de la raison. Ainsi, ce qui est « au degré le plus bas de la connaissance », pour reprendre les mots de Platon, ce n'est pas l'imagination, mais l'illusion que ce que l'on imagine est réel avant d'en avoir eu la démonstration.

Pourrait-on aller encore plus loin et dire, comme Edgar Morin, que sans imaginaire nous n'aurions pas de réalité, pas d'identité véritable ?

La réalité biologique de l'homme a été fournie par la nature. Nous sommes, comme tout ce qui existe dans l'univers, l'aboutissement d'une histoire qui semble s'être déroulée durant quinze milliards d'années. Mais il se trouve que la nature nous a donné la capacité d'ajouter une étape nouvelle à cette histoire. Grâce aux concepts fournis par notre imagination, nous avons complété le monde réel par un modèle reproduisant virtuellement les mêmes processus.

Nous n'avons certes pas inventé la réalité inaccessible de l'univers ; mais nous avons inventé un univers bis où peut se déployer notre « hommerie ».

Cette modélisation a été étendue à notre propre espèce dont les actes ont, de ce fait, changé de contenu et de finalité ; au lieu d'être la simple conséquence de processus naturels, ces actes ont acquis une signification. La nature fait produire par notre organisme des hormones qui nous poussent à la copulation ; le remplacement des générations est ainsi assuré. Ce comportement est devenu la source des émotions les plus fondamentales ; la copulation s'est métamorphosée en une rencontre. Tous les événements de la vie quotidienne sont ainsi transformés.

Notre personne même est le produit de notre capacité d'imaginer : la nature avait réalisé un individu, assemblage d'organes en interaction ; je suis devenu quelqu'un en comprenant que pour les autres j'étais quelqu'un. Mon être n'est pas localisable dans mon enveloppe de peau, il est dans les liens que tissent mes rencontres. Et ces liens sont le produit de nos imaginations fécondées l'une par l'autre.

Autrement dit, vous rendez la connaissance de soi, comme celle d'autrui, dépendante de notre capacité d'imaginer. C'est là marquer un bel écart par rapport à la tradition philosophique !

C'est pourtant logique : la relation à l'autre résulte d'une communication, c'est-à-dire d'une mise en commun ; elle ne peut s'établir que si mon imagination me fait percevoir en lui un être semblable à moi. Mes yeux me montrent un objet parmi d'autres — il me semble d'ailleurs avoir lu autrefois quelque chose comme cela chez Descartes — ; je ne peux traiter cet objet avec respect que si j'imagine en lui la même mystérieuse émergence qu'en moi d'un « plus » le métamorphosant en un sujet.

Cet effort d'imagination m'oblige à le considérer comme un « prochain », ce qui n'est pas toujours facile. Par paresse, pour préserver mon confort, je peux être tenté de ne pas jouer ce jeu de la métamorphose, et de retrouver face à lui tous les droits que j'ai face à un objet quelconque. Comment expliquer autrement le comportement des bourreaux, de ceux qui sont capables de torturer ?

En vous écoutant, je songe à la formule célèbre de Baudelaire dans les Curiosités esthétiques, salon de 1859 : « [Que dit-on] d'un savant sans imagination ? Qu'il a appris tout ce qui, ayant été enseigné, pouvait être appris, mais qu'il ne trouvera pas les lois non encore devinées. L'imagination est la reine du vrai, et le possible est une des provinces du vrai. »

Il est certain que, si l'imagination n'était pas au pouvoir, demain ne serait que la conséquence d'aujourd'hui. Grâce à elle nous pouvons entrevoir des possibles différents, mais surtout nous pouvons agir pour faire de ces possibles des réalités.

En retour, sans l'action, l'imagination ne serait qu'un moyen de nous réfugier dans l'irréel. Ce peut être utile pour se défendre contre une réalité insupportable, mais se contenter de cette défense est s'abandonner à une drogue ; or une drogue est au bonheur ce que la masturbation est à l'amour : une fermeture sur soi-même, nécessaire à certaines périodes, qui devient appauvrissante si elle coupe le contact avec le monde extérieur.

Il ne s'agit pas seulement d'imaginer les « lendemains qui chantent », mais d'agir maintenant pour que ces lendemains puissent, un jour, commencer à chanter.

Où commence alors l'imagination pathologique ?

Est pathologique le fait de prendre pour réel ce qui est un produit de l'imagination. Notre activité intellectuelle a besoin de multiples sources, ne refusons pas la source des mythes, ou même des hallucinations, qui ont fourni la matière de tant de chefs-d'œuvre. Un poète est souvent un halluciné. Mais si l'imagination devient la seule source, le danger est aussi lourd que si la réalité était la seule source.

Le danger est particulièrement grave avec les jeunes qui sont en période de formation de leur personnalité et qui s'interrogent douloureusement sur leur propre définition. La tentation est grande, plutôt que de se construire jour après jour, au prix de multiples bifurcations, d'entrer dans une personnalité toute faite, comme dans un vêtement prêt à porter. Jouer un personnage n'est pas être ce personnage ; il faudrait constamment le rappeler à ceux que guette cette confusion.

Ce qui distingue l'imagination saine de l'imagination folle est l'acceptation par l'une de la critique, son refus par l'autre. L'activité scientifique est le prototype de l'imagination saine. La science procède en effet par hypothèses qu'elle s'efforce de valider, et auxquelles elle renonce si l'expérience les dément.

Ainsi l'existence de six quarks s'associant pour former les particules élémentaires (protons, neutrons,...) a été proposée par le physicien Gell-Mann en 1964 ; c'était alors pure conjecture d'un esprit imaginatif ; il a fallu de multiples expériences pour démontrer cette existence ; le sixième, le « top », vient seulement d'être mis en évidence.

Inversement, l'existence de rayons N a, durant plusieurs années, été admise par un physicien de l'université de Nancy (d'où leur nom), avant que l'expérimentation ne démontre qu'il s'agissait d'une pure illusion. Les débats actuels à propos de la « mémoire de l'eau » sont un exemple de la difficulté de tracer la frontière entre hypothèse et fait. L'essentiel est la nécessaire modestie de l'hypothèse devant le fait.

Qu'est-ce qui caractérise la civilisation dite « de l'image » ? Quand est-on passé à la civilisation de l'image ? Êtes-vous fasciné par les nouvelles technologies ou plutôt inquiet ?

Notre culture, avec l'imprimerie et, surtout, la télévision, nous gave d'images créées par d'autres et qui nous sont imposées. Il en résulte une uniformité qui stérilise les échanges. Ce méfait est doublé, dans le cas de la télévision, par la rapidité du changement de ces images. Notre cerveau n'est habitué à gérer que des images se transformant lentement ; le véritable bombardement d'images, souvent sans lien entre elles et enchaînées à un rythme tel que nous pouvons à peine les voir, auquel nous sommes soumis, constitue une agression de notre intellect ; il peut y créer de véritables lésions. Il est significatif que ce rythme soit d'autant plus rapide que le message a un contenu plus stupide. Ainsi dans le cas des

spots publicitaires. L'image devient alors une arme au
service de ceux qui ont intérêt à faire de nous un troupeau
de consommateurs sans esprit critique.

Vive la « civilisation de l'image » s'il s'agit d'images
produites par notre propre imagination ! Mais méfions-
nous de la « civilisation des images » lorsque ces images
sont semblables à des produits surgelés fabriqués par
d'autres et reçues passivement. Voir dans les techniques
modernes de présentation des images des moyens de
communication est une supercherie. Communiquer, c'est
mettre en commun ; or les outils dont nous disposons
maintenant sont surtout des moyens d'« information »,
c'est-à-dire de mise en forme. Face à un texte écrit, il nous
reste la liberté de le lire à notre rythme, de revenir en
arrière, de réfléchir et de faire jouer notre esprit critique,
nous continuons à être nous-mêmes face à celui qui a
écrit. Avec la radio, et plus encore avec la télé, tout nous
est imposé ; nous ne pouvons qu'être passif. Il y a information, très peu communication.

Justice et droit

> « La question est de savoir dans quels cas et jusqu'à quel point nous sommes obligés d'obéir à un système injuste. »
> John RAWLS

On dit généralement que la fonction du droit est de remplacer la violence. Et, par conséquent, qu'une société ne pourrait pas exister sans droit. Est-ce votre avis ?

Le droit est l'ensemble des règles qui définissent les rapports entre les individus au sein d'une société. Dans le monde animal, ces rapports sont nécessairement des rapports de force, force physique ou capacité d'intimidation. Mettre en place une société humaine nécessite de remplacer ces rapports par des contraintes discutées et acceptées en commun, et auxquelles chacun se soumet de plein gré, car il comprend qu'elles sont le corset de sa liberté.

Le recours à la violence est le constat que ces règles de droit sont inopérantes ; ce constat est le plus dramatique que puisse faire une société. En s'abandonnant, même à titre provisoire, à la violence, elle accepte de renoncer à ce qui est son essence : l'organisation des liens entre ceux qui la constituent.

Il n'y a société que dans la mesure où il y a droit ; sans droit il ne peut exister qu'une accumulation d'individus, sans autres interactions que celles provoquées par leurs caractéristiques biologiques. Leur ensemble n'est qu'une foule. Avec le droit, ces interactions sont mises en place entre les personnes. Alors apparaît un peuple.

Ainsi, toute société doit choisir explicitement les caractéristiques permettant de régler les conflits. C'est parfois le « droit du plus fort » — que cette force soit fondée sur les muscles, sur l'intelligence ou sur la fortune, et si tant est que ce soit vraiment un droit —, ce peut être aussi la loi fondamentale en fonction de laquelle cette société s'est constituée : sa Constitution. La pire forfaiture est d'utiliser celle-ci pour justifier des actes qui lui sont contraires. C'est ce qui a lieu dans certaines démocraties, officiellement gouvernées par les représentants du peuple, lorsque le pouvoir est exercé au profit de quelques puissants.

Sans droit, donc, pas de société. Mais quels droits ? Quels sont ceux auxquels devrait pouvoir prétendre un être humain quel qu'il soit ? Sommes-nous loin du compte ? Ici, chez nous ? Ailleurs ?

Les droits fondamentaux sont, au départ, ceux qui assurent la survie biologique : nourriture et chaleur. À mesure que les sociétés disposent, grâce à leur travail et à leur savoir, de ressources supplémentaires, ils s'étendent aux droits non plus des individus mais des personnes : droit à l'éducation, à la justice, aux soins, à un logement décent... La liste ne sera jamais close, tant que nous serons capables de nous donner de nouvelles richesses et d'imaginer de nouvelles exigences.

Mais ne confondons pas inégalité et injustice. Les inégalités dues à la nature, par exemple les inégalités génétiques, ne sont ni justes ni injustes ; elles font partie de la diversité humaine. N'oublions pas que le contraire d'« égal » n'est pas « supérieur » ou « inférieur », mais « différent ». Il n'y a aucune injustice à ce que certains soient petits et d'autres grands. L'injustice apparaît lorsque nos sociétés accordent arbitrairement un statut meilleur à ceux-ci ou à ceux-là.

À cet égard, nous sommes encore loin du compte, ici en France, où tant de familles sont sans toit alors que des appartements sont vides ; au loin dans le tiers-monde, où tant d'enfants meurent de faim alors que nos silos sont pleins.

Car la loi doit être faite pour tous et par tous, en mettant en place des procédures (votes, délégations de pouvoir, ...) pour donner la parole à chacun. Accepter une loi dictée au sommet du Sinaï est une démission humaine. N'attendons pas une vérité révélée pour savoir comment nous comporter. C'est à nous de décider en commun ce qu'il faut faire et ce qu'il faut ne pas faire.

En conservant l'idée d'un horizon commun à toutes les nations ? Ou au contraire en soulignant les diversités ?

L'intensification des rapports entre les cultures, entre les nations, entraîne la nécessité d'un noyau commun sur lequel tous seraient d'accord. Les religions ont autrefois tenté cette harmonisation en prétendant convertir l'humanité entière à la même foi. En sont résultées les odieuses guerres de religion. Il semble qu'aujourd'hui cette harmonisation pourrait être obtenue sur l'essentiel grâce à la lucidité apportée par les progrès de la science. Celle-ci propose une définition de la personne humaine qui aboutit à la nécessité du respect de chacun.

Cela suppose que toutes les nations acceptent le caractère universel des propositions scientifiques. C'est loin d'être toujours le cas. Par exemple, dans la pensée islamique, la femme est représentée comme insatiable et dangereuse pour l'homme ; le féminin occupe le pôle de la jouissance sans limites opposé au pôle masculin de la soumission à Allah et du contrôle des pulsions. Comment concilier cette « représentation » et la reconnaissance des droits des femmes ?

Tant que la « représentation » des femmes que vous décrivez est acceptée comme vraie, aucune conciliation ne peut être obtenue avec la reconnaissance des droits des femmes. Il faut savoir, au départ, si l'on considère les deux sexes comme composés de personnes égales ou non. Les Grecs répondaient non. Les intégristes musulmans répondent non. Certaines cultures indiennes répondent non. C'est bien pratique pour les hommes.

En fait, cette négation du droit des femmes n'est pas la conséquence d'une certaine représentation de la nature des femmes. C'est, en sens inverse, le désir de justifier le sort qui leur est imposé qui conduit à leur attribuer une telle « nature ».

Il reste qu'on se trouve parfois devant des conflits de principes. Doit-on toujours obéir à une loi qu'on trouve injuste, ou qui heurte nos convictions ?

La société doit imposer le respect de la loi ; mais elle ne peut imposer des actes que certains considéreraient, à titre personnel, comme opposés à leur propre éthique. Par exemple, la loi française reconnaît, dans certaines limites, le droit d'une femme à l'avortement. Le devoir de chacun est de respecter ce droit. Pour autant, on ne peut obliger un médecin à le pratiquer s'il estime que sa religion ou son idéologie le lui interdit. D'une façon générale, rien ne peut légitimement nous forcer à commettre ce que nous considérons comme injuste. Face à une loi qui nous y contraindrait, il faut agir pour qu'elle soit modifiée. Telle a été l'attitude des objecteurs de conscience face à la conscription. Ils estiment que leur morale leur interdit de porter une arme et d'apprendre à tuer un autre homme. Pendant longtemps ils ont été considérés comme des déserteurs et traités comme tels. L'action de quelques hommes courageux a abouti au vote d'un statut des objecteurs : Louis Lecoin, pour l'obtenir, n'a pas hésité à faire, en 1962, une grève de la faim qui a duré vingt-trois jours.

Cette attitude est la réponse à la question posée : ne pas obéir, y compris aux lois, est parfois un devoir, mais ce

devoir de désobéissance s'accompagne du devoir d'agir
pour obtenir un changement des règles ; et cette action
doit être menée en respectant le devoir qui domine tous
les autres : la non-violence.

*Précisément, ce devoir de désobéissance a été poussé très
loin par les révolutionnaires. À la suite de Marx, on a beaucoup dit que la loi est faite pour les riches, qu'elle n'est pas
égalitaire. Marx a critiqué la doctrine des droits de l'homme
qui, selon lui, ne conduit pas à une émancipation réelle des
hommes, mais cache en réalité les intérêts d'une classe sociale
particulière : la bourgeoisie. Exemple : le droit de propriété
égale le droit de jouir de ses biens sans se soucier de ceux qui
ne possèdent rien.*

Il est vrai que le droit français est encore très influencé
par le Code Napoléon préoccupé avant tout par la préser-
vation de la propriété et sa transmission d'une génération
à l'autre. Ce droit résultait plus du fait du prince que d'une
consultation démocratique. Il a assuré la domination de la
classe des possédants sur celle des « prolétaires ».

Mais des changements sont possibles ; la jurisprudence
peu à peu interprète différemment les dispositions législ-
atives. Ainsi, depuis quelques années, le droit au logement a pris une place de plus en plus grande face au droit
de propriété.

*Le droit au logement : ce problème vous touche particulière-
ment. Pourquoi ? Comment en êtes-vous venu à « militer » dans
ce domaine ? En quoi ce droit vous paraît-il fondamental ?*

Je milite à côté de ceux qui défendent le droit au logement ; mais je ne l'ai pas « fait exprès ». J'ai simplement
accepté de les aider lorsqu'ils m'ont montré que ma participation à certaines manifestations ou à certaines actions
pouvait en améliorer l'efficacité. Notre société est ainsi
faite que la présence d'un « cher professeur » facilite le
dialogue avec les forces de l'ordre. Il est très dommage
que ceux qui n'ont rien à réclamer pour eux-mêmes ne

soient pas plus nombreux à côté de ceux qui sont victimes d'injustice.

Ne pas avoir de logement est un véritable drame; sans adresse, il est presque impossible de scolariser les enfants, de trouver du travail... L'action du D.A.L. (Droit au logement) depuis cinq ans a fait considérablement évoluer la jurisprudence en ce domaine. Aujourd'hui, fin 1996, le droit au logement est enfin reconnu au même titre que le droit de propriété.

Il faut comprendre que la justice est une construction sans fin; elle est donc à chaque instant imparfaite. Mais tout doit être fait pour qu'elle s'approche de cette perfection. Elle est donc une utopie, c'est-à-dire une étoile vers laquelle on se dirige, et qui sert à trouver la direction même si l'on a peu d'espoir de l'atteindre un jour.

D'où le rôle de l'éducation?

Étant une construction humaine, cette utopie ne peut en effet être transmise que par l'éducation. Plus exactement, c'est l'exigence de justice qui doit être enseignée à tous, et très tôt. Les méthodes pour faire régner la justice sont, elles, affaire de spécialistes et peuvent n'être enseignées qu'aux techniciens du droit.

Nous n'avons rien dit de ce qui accompagne inévitablement le droit, à savoir la sanction. Quel rôle lui attribuez-vous?

Puisque les lois imposent un certain comportement, elles sont nécessairement assorties de sanctions pour ceux qui les transgressent. Cette sanction doit avant tout être pédagogique, c'est-à-dire faire comprendre la nécessité collective du respect de la règle. En revanche, elle ne doit pas être « exemplaire » ou « dissuasive »; lorsqu'elle l'est, elle fait accepter la loi par peur et non par adhésion; elle prépare donc des transgressions futures. Nous le constatons, la répression aveugle sème des vocations de criminels.

Quant à la peine de mort...

La mort est le grand mystère. Par quelle aberration monstrueuse peut-on la présenter comme une peine ? Non, la mort n'est pas une peine ; aucun être sensé ne peut « donner » la mort à un autre être sensé, sauf à retourner à l'état de non-conscience qui a précédé l'émergence de la personne. Toute société qui accepte de faire figurer la mort dans l'arsenal de ses peines montre qu'elle est en état de barbarie, dirigée par des inconscients. Je refuse d'argumenter avec ceux qui la présentent comme efficace ou utile dans la lutte contre le crime : je n'argumente pas contre un primate.

Koweït

> « Quand les riches se font la
> guerre, ce sont les pauvres
> qui meurent. »
> JEAN-PAUL SARTRE

*Pourquoi parler de ce minuscule État dans un livre consacré
à la réflexion philosophique ? « Koweït », ce mot concerne
plutôt la géographie ou l'histoire récente.*

Avouons-le, la présence d'un chapitre consacré au
Koweït doit beaucoup à la difficulté de trouver des mots
commençant par un K. Voilà pour l'anecdote ! Mais on
peut aussi justifier l'entrée « Koweït » d'une façon plus
satisfaisante. Cet État du Moyen-Orient, dont la plupart de
nos contemporains ignoraient la localisation ou même
l'existence il y a dix ans, peut être la source de réflexions
qui débouchent sur les principaux problèmes de notre
temps. On imagine combien Socrate, projeté dans notre
siècle, se délecterait en nous obligeant à découvrir les
incohérences de notre comportement face à un pays qui
a tenu une telle importance au cours des dernières
années.

Il est certes bien modeste, trente fois moins étendu que
la France et quarante fois moins peuplé ; mais les nations
les plus puissantes se sont unies pour venir le défendre
lorsqu'il a été attaqué en août 1990 par son puissant

voisin, l'Irak. Sept mois plus tard, les armées d'une coalition regroupant vingt-huit nations ont libéré le Koweït, et châtié l'agresseur. Ainsi présenté cet épisode peut donner l'impression qu'enfin les peuples de la terre ont mis en place des institutions faisant régner l'ordre sur la planète. La « guerre du Golfe » aurait ainsi été la démonstration que la solidarité internationale garantit désormais la sécurité des petits face aux grands.

Ceci, c'est le discours officiel; et dans la réalité ?

Les soldats irakiens envahissant le Koweït ont commis les atrocités habituelles, pillages, assassinats, viols. Les images diffusées ont révolté les occidentaux; les opinions publiques ont facilement été persuadées que ces exactions nécessitaient une réaction collective. Cette volonté de punir les coupables était admirable, mais elle peut sembler bien sélective. Dans de nombreuses régions du globe, des violations aussi graves des droits de l'homme sont commises sans que les opinions publiques soient appelées à réagir. Au Koweït même, ces droits ont depuis toujours été passablement méprisés par une monarchie toute puissante qui interdit les partis politiques. De toute évidence, d'autres considérations sont entrées en jeu.

Les réserves de pétrole détenues par ce pays représentent environ dix pour cent de l'ensemble du total mondial. Il est clair que la crainte de voir cette richesse passer entre les mains d'un ennemi déclaré de l'Occident a joué un rôle au moins aussi important que le désir de soustraire les Koweïtiens à la brutalité des troupes irakiennes. La guerre du Golfe n'a pas été une guerre du droit mais une guerre économique. Il s'agissait de garder la maîtrise d'une source d'énergie dont la disparition pouvait bouleverser l'économie des pays développés. En fait, la démonstration a surtout été celle de l'hypocrisie des puissants, camouflant la défense de leurs intérêts par de belles déclarations humanitaires.

Ne fallait-il pas aussi donner une leçon à ceux qui veulent s'approprier les richesses du voisin ? Où ira l'humanité si le droit de propriété n'est plus respecté ?

La vraie question ici est : Quel est le propriétaire légitime de ces ressources ? Nous admettons sans discussion que ce propriétaire est la nation dont les frontières enferment les champs de pétrole. Il paraît pourtant nécessaire de remettre cette pseudo-évidence en question.

La notion de propriété n'avait guère de sens pour nos lointains ancêtres chasseurs-cueilleurs ; elle a pris de l'importance avec l'invention de l'agriculture et de l'élevage. Celui qui a travaillé le sol et qui l'a semé estime à bon droit que les récoltes lui appartiennent. Cette attitude a été étendue à la possession du sol lui-même, de ce qu'il produit, de ce qu'il contient. Mais la plupart des législations ont mis des limites à cette appropriation : en France, le sous-sol n'appartient pas au propriétaire du terrain, mais à l'État.

Il serait judicieux aujourd'hui de définir, au-delà de la propriété individuelle et de celle des États, la « propriété humaine », et d'admettre que les richesses fournies spontanément par la terre appartiennent à l'ensemble des hommes.

Cela est particulièrement évident pour les biens non renouvelables, dont le pétrole est un bon exemple. La terre a produit ce pétrole à partir d'une multitude de cadavres d'animaux microscopiques ayant vécu il y a plusieurs centaines de millions d'années. Un long processus de décomposition les a transformés en cette substance qui nous est si précieuse. À qui appartient ce cadeau fait par la planète aux hommes ?

La réponse semble évidente : à tous les hommes et à ceux de demain autant qu'à ceux d'aujourd'hui. Le dilapider comme nous le faisons depuis près d'un siècle constitue un véritable vol au détriment des générations qui nous suivront. Il est urgent d'étendre à toutes les richesses non renouvelables le concept de « patrimoine commun de l'humanité », qui a été adopté par les Nations unies, appliqué aussi bien aux objets présents dans l'espace autour de la terre qu'aux chefs-d'œuvre produits par les hommes. La Lune, la cathédrale d'Amiens ou le Temple de Borobodur ne sont pas la propriété d'un État, ils sont le bien commun de tous les hommes. Pourquoi ne pas avoir la même attitude pour les cadeaux que la nature nous fait une fois mais qu'elle ne fera pas deux fois ?

Liberté

« C'est seulement par le risque de sa vie que l'on conserve la liberté. »

GEORG WILHELM FRIEDRICH HEGEL

Le scientifique que vous êtes voit dans la science l'avène-
ment d'une représentation lucide, exacte, des phénomènes
naturels. Or le déterminisme est au principe de la science.
S'ensuit-il que vous niez la liberté ?

L'appétit de liberté est directement lié à la capacité, que
seule possède l'espèce humaine, de penser à demain.
Pour les animaux, seuls existent le passé et le présent.
Leurs actes, même lorsqu'ils semblent tendre vers un
objectif d'avenir, ne sont que la conséquence des événements passés et présents. La découverte de l'avenir a
été faite par notre espèce; et cette découverte entraîne
l'interrogation sur ce que sera cet avenir, d'où l'angoisse
et l'espoir. D'où surtout le désir de rendre cet avenir
conforme à nos vœux.

Mais est-ce possible? Le cours des événements peut-il
être modifié par notre action? La réponse ne peut être
qu'invérifiable, à la façon dont l'existence d'une réalité
extérieure à nous est indémontrable. Mais l'attitude solip-
siste qui en découle reviendrait à nier la possibilité de
vraiment vivre; il paraît préférable d'admettre que le

monde réel n'est pas seulement une illusion de nos sens. De la même façon, il paraît préférable d'admettre que, dans le passage d'aujourd'hui à demain, des bifurcations sont possibles et que, le sachant, nous pouvons intervenir.

La difficulté logique vient de ce que de ce monde que nous prétendons transformer nous faisons partie. Nous sommes faits des mêmes éléments que n'importe quel objet, soumis aux mêmes interactions élémentaires. On peut dès lors développer le raisonnement de Laplace selon qui l'état de l'univers à l'instant t détermine son état à l'instant t + 1. Toute liberté est alors illusoire.

Mais ce raisonnement ne tient pas compte de la découverte de Poincaré à propos du « problème des trois corps »; dès que plusieurs déterminismes s'enchevêtrent, le résultat à long terme de leur action est imprévisible. Ce résultat a été étendu à l'ensemble des phénomènes dits « chaotiques », c'est-à-dire dont le déroulement dépend étroitement des conditions initiales; comme la précision de la connaissance de ces conditions de départ est limitée, il existe une limite à la prévision à long terme. Ce constat de l'imprévisibilité des phénomènes du monde réel ne suffit pas à démontrer que la liberté est possible; mais il rend indémontrable qu'elle est impossible. J'ai donc le droit de me prétendre libre, du moins à l'intérieur des contraintes imposées par cet univers; contraintes que l'avancement de la science me permet de toujours mieux décrire.

Vous avez le droit de vous sentir libre. Mais ce sentiment d'être libre n'est-il pas une illusion? On croit être libre alors qu'on est déterminé, sur le plan social par exemple (déterminismes socio-culturels, inégalités, préjugés, etc.); mais aussi sur le plan psychologique, avec les motivations inconscientes. Nous ignorons simplement les causes réelles qui nous font agir.

Il est clair que la personne que je suis devenu a été façonnée par l'ensemble des informations apportées par mon patrimoine génétique et par l'ensemble des règles, des comportements, des opinions apportées par les hommes qui m'ont entouré. Je suis le produit de la rencontre de mécanismes concrets et d'influences psychiques. Mais ce produit se trouve être d'une telle complexité qu'il est capable de participer à sa propre construction. Cette autostructuration nous permet d'apporter notre contribution à ce que nous sommes, et surtout à ce que nous devenons.

Si j'étais le produit des seules influences externes, je ne serais qu'un objet fabriqué, aboutissement passif de chaînes causales sur lesquelles je n'aurais eu aucune prise. Ma capacité d'autostructuration m'a permis de passer du statut d'objet à celui de sujet.

Le fait que je sois capable de penser « moi je », c'est-à-dire, paradoxalement, de parler de moi à la troisième personne, est le signe de ce pouvoir étrange qui ne semble partagé par aucune autre espèce. Du coup, les influences qui ont agi sur moi, les contraintes imposées par ma dotation génétique et par mon milieu, deviennent, ou peuvent devenir, les matériaux d'un édifice conforme à mon propre choix. Ces éléments extérieurs ne sont plus les « causes » qui me font agir, mais des incitations qui me poussent à choisir.

Quant aux motivations inconscientes, elles ne sont que des pulsions, et non des obligations. Nos hormones sont source de comportements, mais nous pouvons les utiliser et ne pas nous contenter de les subir. Nos hormones sexuelles nous incitent à copuler, mais de la copulation nous sommes passés à la tendresse et à l'amour.

La liberté est indémontrable, disiez-vous ; mais vous raisonnez comme si elle était un fait. Plus encore : une valeur.

La liberté est une invention humaine, tout comme la dignité, les droits ou l'amour. Elle n'en fait pas moins partie de la réalité que nous construisons depuis que nous avons eu conscience d'être. À nous de hiérarchiser nos valeurs. Une société démocratique fait un choix collectif définissant cette hiérarchie : Liberté, Égalité, Fraternité, ou bien Travail, Famille, Patrie.

La liberté n'est pas un donné. Son exercice est facilité par un minimum de ressources ; il est possible mais difficile d'être libre avec le ventre creux. Les lois sont là pour protéger les libertés, mais elles ont souvent été obtenues par ceux qui ont osé transgresser les lois antérieures.

Seriez-vous en mesure maintenant de définir la liberté ? Le plein usage de nos facultés physiques et mentales ? La capacité de décider et d'accomplir des actes dont nous avons l'initiative, à l'intérieur des lois ?

La liberté ne peut être définie que par référence à la construction de chacun par lui-même avec l'aide des autres. Elle est donc sans rapport avec la possibilité de faire n'importe quoi pour la seule raison que l'on a envie de le faire. Cela, c'est le caprice.

La liberté, c'est la possibilité de tisser des liens avec ceux qui nous entourent. Elle n'est donc pas un exercice solitaire. La célèbre formule : « Ta liberté s'arrête là où commence celle de l'autre », nous trompe. Il faut être au moins deux pour être libre ; plus exactement pour mettre en place, jour après jour, des règles de vie en commun satisfaisantes pour chacun.

La liberté n'est donc jamais définitivement acquise ; elle n'est pas une conquête qu'il suffit de défendre. Il faut en permanence la définir, la mettre en place, l'adapter aux conditions d'un monde changeant.

Seule peut-être la création est un acte solitaire mais aussi constructif. Comme il est solitaire, il n'est guère soumis aux contraintes de la vie en commun. Le poète, le peintre, n'ont pas à défendre leur droit à écrire ou à produire ce qu'ils désirent. La nécessité de la liberté n'intervient qu'au stade de la diffusion. Il est exact que la société marchande dans laquelle nous vivons, ne facilite guère cette diffusion pour les œuvres iconoclastes ou

simplement non conformistes. En condamnant pratiquement à mort ceux qui apportent la novation — ainsi Modi-
gliani —, notre société se donne la bonne conscience de
les avoir laissés libres de produire, tout en les enfermant
dans la Bastille de la misère.

Je dirais volontiers, à la suite de François Mitterrand :
« Le respect pour les créateurs est le baromètre des
libertés. »

Pensez-vous comme Voltaire ou comme Marat?
VOLTAIRE : « *Je hais vos idées mais je me battrai jusqu'au
bout pour que vous puissiez les exprimer.* »
MARAT : « *Pas de liberté pour les ennemis de la liberté.* »
*Doit-on faire taire le fanatisme, l'intégrisme, ou doit-on
tolérer, par exemple, l'incitation à la haine raciale?*
*Que pensez-vous de la censure en général? Est-elle parfois
légitime — dans le cas de films X ou très violents?*

Évidemment, il faut écouter Voltaire. Mais nous n'élu-
dons pas le problème posé par les « ennemis de la liberté ».

Idéalement, j'aimerais que tout puisse être dit, y
compris ce que je récuse complètement, par exemple les
propos fascisants ou racistes ; mais j'aimerais que l'éducation de tous soit suffisante pour rendre ces discours
inoffensifs. Nous sommes loin de cette situation. Il faut
donc, provisoirement, avoir recours à la coercition pour
lutter contre ceux qui luttent contre la liberté.

Le problème est différent dans le cas de ceux qui sont
fragiles, vulnérables, sans défense, car non encore édu-
qués. Il est évident, notamment, qu'il faut mettre les
enfants à l'abri de l'agression des scènes de violence ou de
pornographie.

*Le débat sur le « foulard islamique » s'est tu, mais qu'en
pensez-vous? Que peut-on tolérer en matière de signes dits
ostentatoires de croyances : quel type d'expression?*

L'école est le lieu où l'on apprend la tolérance. Toute
marque extérieure d'appartenance à une idéologie devrait

donc y être proscrite, dans la mesure où elle est le support d'un prosélytisme.

Si le foulard n'était qu'une façon de s'habiller, il ne poserait pas problème. Mais le « foulard islamique » est une façon d'affirmer qu'une jeune musulmane, pour être fidèle à sa religion, doit le porter. Il s'agit donc d'une pression sur celles qui jugent bon de n'en pas porter. À ce titre, il ne peut être toléré.

La laïcité est l'acceptation de toutes les opinions et de tous les comportements qui savent respecter l'autre. L'unicité de Dieu proposée par le pharaon Akhenaton est en fait la base de la laïcité. Il n'est plus question de s'entre-déchirer au nom d'une multitude de divinités, mais de constater l'unicité de l'espèce humaine dans son devenir.

M athématiques
(et logique)

« Les mathématiques sont une étude où l'on ignore de quoi l'on parle et où l'on ne sait pas si ce que l'on dit est vrai. »

BERTRAND RUSSELL

Il est d'usage en philosophie de lier les notions de mathématique et de logique. Cela vous paraît-il justifié ?

La logique est l'art de développer avec rigueur un raisonnement, en appliquant des règles explicitées et considérées comme admises.

La mathématique est l'écriture de ce raisonnement, au moyen de symboles dont l'utilité a été montrée par l'expérience. Un peu à la façon dont les idéogrammes chinois représentent des objets ou des concepts.

Ainsi, l'expérience montre que l'on rencontre souvent, x étant un nombre quelconque, la somme comportant un nombre infini de termes :

$$x^0 + x^1/1 + x^2/1.2 + x^3/1.2.3 + ... + x^n/1.2.3...n + ...$$

Il est commode de la représenter par un symbole facile à écrire et tenant peu de place ; par convention ce symbole est « e^x ».

De même, dans un triangle rectangle on est souvent amené à faire le rapport de la longueur d'un des petits côtés à la longueur de l'hypoténuse, on appelle par convention ce rapport « sinus *a* » où *a* est l'angle opposé à ce petit côté.

Pour démystifier les mathématiques, il est bon d'y voir l'invention d'individus « paresseux », désireux d'abréger par la formalisation l'écriture de leurs raisonnements. Mais cette mise en forme n'est qu'une activité de scribe qui, grâce à son expérience, trouve les meilleures astuces pour simplifier son travail.

En revanche, beaucoup plus subtile est l'axiomatisation, qui consiste à expliciter les règles auxquelles on accepte de se conformer au cours des raisonnements que l'on va proposer.

Nous sommes là très loin du réel. Les mathématiques sont-elles purement abstraites ou ont-elles aussi un ancrage dans la réalité ?

À cette question, j'ai envie de répondre : les deux mon colonel. Je m'explique au moyen de l'histoire de l'invention du « zéro », ce nombre étrange qui fonde toute l'arithmétique.

Voici ici trois cailloux, là trois choux ; faites-vous une différence entre ici et là ? — Évidemment ! — J'enlève ici un caillou, là un chou ; faites-vous une différence ? — Bien sûr ! — Je recommence une troisième fois, regardez bien ; faites-vous une différence entre ici et là ? — Bien sûr que non, il n'y a plus rien. — Bravo ! Vous admettez donc que, si un ensemble est vide, c'est-à-dire, avec le langage des mathématiciens, si son cardinal est zéro, il ne se distingue pas d'un autre ensemble vide, il n'y a qu'un ensemble vide ; plus exactement, j'appelle « un » le cardinal de l'ensemble des ensembles vides. Nous venons d'inventer le nombre un. C'est ensuite un jeu d'enfant d'inventer les suivants.

Dans ce cheminement, il y a eu à la fois enracinement dans le réel avec les cailloux et les choux, et abstraction avec l'utilisation de l'absence pour fonder l'unicité, donc l'unité. De même, c'est en traçant sur le sable des cercles grands et petits que l'on invente un jour le nombre *pi*, qui est lui-même une abstraction.

Autrement dit, les objets mathématiques sont des représentations de concepts, des résultats d'opérations définies avec rigueur. Mais ils n'ont pas de « nature ».

Cette rigueur fait que les mathématiques sont depuis toujours le modèle des sciences exactes, celui auquel toutes les autres sciences cherchent à ressembler.

Le terme « exact », appliqué aux sciences de la nature, laisse croire que la réalité serait adéquatement représentée, ce qui n'est jamais le cas. Lorsque les astronomes, par exemple, mesurent la distance du Soleil à la Terre, leur résultat ne peut être exact ; pour la bonne raison que cette distance, constamment changeante, n'est même pas définissable. Il n'y a jamais qu'approximation.

Il faudrait parler non de « science exacte », mais de « science rigoureuse », ce qui est un pléonasme, car ce qui n'est pas rigoureux n'est pas scientifique.

Si vous récusez le terme « exact », vous accepterez peut-être celui de « vrai ».

Je ne crois pas que les mathématiciens utilisent beaucoup le mot « vérité », du moins pas dans le sens d'un accord avec la réalité. Ils ont simplement mis en place des méthodes permettant de déduire ceci de cela, créant un accord entre tous ceux qui acceptent les règles proposées pour la logique. En ce sens, leurs déductions sont éternelles.

Mais l'introduction de nouveaux concepts peut ouvrir des champs encore inexplorés ; ainsi, avec le théorème de Gödel, le domaine de l'indécidabilité s'intercale entre le vrai et le faux.

Selon vous, quels ont été ou quels sont les plus grands mathématiciens ?

Les plus grands ne sont pas ceux qui ont su jouer avec le plus de dextérité avec les outils déjà existants, mais ceux qui ont su inventer de nouveaux outils; ainsi Pascal*, avec le raisonnement probabiliste, Galois*, avec les groupes, Poincaré*, avec la non-prédictivité de phénomènes enchevêtrant plusieurs déterminismes, Gödel*, avec l'indécidabilité.

La vérité mathématique est-elle universelle?

On peut imaginer d'autres règles de logique débouchant sur d'autres mathématiques; mais celles que nous avons adoptées depuis quelques millénaires nous permettent si bien de décrire les phénomènes se déroulant dans l'univers qu'il doit y avoir une certaine cohérence entre l'inaccessible réalité et les techniques utilisées pour s'en approcher.

Quand on n'est pas « bon en maths », est-on plus bête qu'un autre?

Les maths sont ce qu'il y a de plus facile à comprendre. Sauf pathologie mentale profonde, tout le monde est « bon en maths ». Mais pour des raisons que les psychologues pourraient sans doute élucider, certains jeunes décident qu'ils ne sont pas bons. Je crois que la principale responsabilité réside dans la façon dont les mathématiques sont enseignées.

Il est naturel de ne pas s'intéresser à tout, les mathématiques sont surtout une gymnastique de l'esprit; il est dommage de ne pas les pratiquer, mais on pourrait dire la même chose de la poésie ou de la philosophie.

Il est en tout cas scandaleux, et très dommageable même pour l'enseignement de cette science, de sélectionner les « meilleurs » selon leur capacité en mathématiques.

Nature, culture

« Qu'est-ce que l'homme
dans la nature ? Un néant à
l'égard de l'infini, un tout à
l'égard du néant, un milieu
entre rien et tout. »

BLAISE PASCAL

*La définition même du mot « nature » fait problème : Ce qui
existe en dehors du monde humanisé ? Ce qui existe spontanément ? Ce qui préexiste à l'homme ?*

Définir le mot « nature » n'est possible qu'en précisant
à quoi on l'oppose. Si la nature est considérée comme
englobant tout ce qui existe, elle n'est pas distincte de
l'univers et on se heurte aussitôt à une difficulté semblable à celle rencontrée par les mathématiciens lorsqu'ils se référaient à l'« ensemble de tous les ensembles ».
Dans ce qui suit, nous opposerons deux ensembles d'éléments : d'une part, ce qui peut être considéré comme
apporté par l'homme à l'univers, d'autre part, ce qui a été
apporté par le jeu des forces à l'œuvre depuis le big bang.
Ce dernier ensemble est, par définition, la « nature ».

*Mais l'homme fait lui-même partie de cette nature ; il est un
être naturel. Nous sommes renvoyés à la même difficulté.*

Le regard de la science aujourd'hui nous montre un
univers qui tend constamment vers la production de
structures plus complexes. En raison même de leur

complexité plus grande, ces structures sont dotées de pouvoirs de réaction plus importants. La chimie, aux modestes performances de la bouillie d'après big bang, fait place à une chimie plus subtile à mesure que des atomes plus riches en nucléons sont produits dans les fournaises que sont les cœurs des étoiles. Lentement, la matière crée sa propre diversité. Ce cheminement a été accéléré en certains lieux de l'univers dotés, par chance, de caractéristiques favorables. Tel est le cas de notre planète.

Les océans primitifs qui recouvraient la terre étaient de véritables cornues d'alchimistes où les forces déchaînées des tempêtes et des orages ont fait apparaître des molécules capables de réactions nouvelles, ainsi l'ADN ou les protéines. Assemblées, ces molécules ont réalisé des structures que nous regardons comme « vivantes » tant nous sommes fascinés par leurs performances. Puis ces objets « vivants » se sont multipliés, ont évolué, et ont produit, il y a peu de temps, à peine quelques millions d'années, le chef-d'œuvre de complexité qu'est le cerveau humain. De l'après big bang à l'homme, la continuité est rigoureuse. Il est un produit de la nature ; comme tous les objets qui l'entourent, il est une « poussière d'étoiles ».

Nous sommes cependant devenus des êtres radicalement différents des autres êtres de la nature : notre héritage biologique est métamorphosé par la culture.

Vous allez trop vite ; je vais y venir ! Au cours de la longue histoire de la complexification, des étapes successives ont été franchies, apportant chacune son lot de capacités encore jamais réalisées. Être capable de se reproduire, ce qu'a permis la réalisation de l'ADN, être capable de produire un être différent de soi, ce qu'a permis le processus de la procréation, chacune de ces innovations a contribué à l'émergence d'un univers autre, manifestant le rôle créateur du temps. Celui-ci n'est pas seulement le faucheur que décrivent nos légendes ; il est le semeur fécondant le réel d'aujourd'hui pour lui faire produire le réel imprévisible de demain.

L'apparition de l'homme a été une étape supplémentaire décisive, elle a essentiellement apporté la conscience de l'existence de cette durée. Pour tout ce qui nous entoure, demain n'existe pas. Pour les membres de notre espèce, demain est l'obsession de chaque instant. Ce qui nous rend radicalement différent est l'invention de demain, invention permise par la richesse de notre système nerveux central. Cette richesse, certes, nous a été donnée par la nature ; mais elle nous a permis de lui échapper.

Ayant compris que ce demain, inexistant lorsqu'on l'évoque, dépend de notre décision de l'instant, nous avons perdu le présent pour devenir des constructeurs obligés de l'avenir. Alors que, dans les processus naturels, la finalité est absente, nous l'avons introduite dans chacun de nos actes. En ce sens nous avons échappé à la nature, comme une flèche échappe à l'arc qui la lance. Je crois, comme Edgar Morin, que le concept de « nature humaine » appartient à un paradigme perdu.

La transformation de la nature est donc ce qui fait la différence entre l'animal et l'homme : l'animal ne peut pas dépasser ce que la nature a fait de lui. Du coup, la nature peut-elle encore servir à l'homme de modèle ? L'homme a-t-il à son égard des devoirs ?

Ayant à agir pour préparer demain, nous sommes acculés à choisir, et, pour orienter ces choix, à adopter des règles. Chaque communauté humaine définit ainsi une morale. Pour y parvenir, elle accepte de se référer à quelques principes adoptés en commun, par exemple le respect de la personne humaine. Mais dans l'adoption de ces principes, l'exemple de la nature ne peut apporter aucune aide, puisqu'il s'agit d'orienter des choix et que la nature ne choisit jamais.

Par quelle aberration peut-on imaginer une morale « naturelle » à laquelle il suffirait de se conformer ? La nature déroule impavidement ses processus; elle laisse l'enchevêtrement des causes aboutir aux effets, sans qu'une interrogation puisse être formulée sur la valeur morale de ces effets. Un exemple est fourni par les problèmes liés à la sexualité. Des glandes endocrines sécrètent des hormones qui poussent les individus à copuler, acte nécessaire pour que se poursuive l'aventure de l'espèce. Le comportement des animaux est uniquement dirigé par ces sécrétions. Les hommes ont compris que les actes aboutissant à la procréation étaient parmi les plus importants dans la construction de demain; ils ont imaginé des règles parfois fort compliquées régissant la constitution des couples procréateurs; ils ont inséré ces actes dans une attitude d'ensemble face à l'autre, respect, amour. Les problèmes qu'ils ont à affronter en ce domaine n'ont plus rien à voir avec ceux que posaient les mécanismes naturels.

Quant à nos devoirs envers la nature, ils ne sont en fait que des devoirs envers nos descendants. Nous sommes prisonniers, pour de nombreuses générations sinon pour toujours, d'une petite planète. Nous devons la laisser en bon état à ceux qui nous succéderont. L'abîmer irrémédiablement ou en détruire des richesses non renouvelables est une faute vis-à-vis d'eux, non vis-à-vis de la nature, qui n'est pas une personne. Il ne s'agit pas de respecter la nature, mais de respecter les hommes à qui nous allons transmettre cette nature. Le contrat n'est pas entre l'homme et la nature, mais entre l'homme d'aujourd'hui et l'homme de demain.

Lévi-Strauss pense que le fait culturel par excellence, c'est le langage. L'homme vit dans un univers symbolique, et non plus matériel. La réalité matérielle recule au fur et à mesure que l'activité symbolique de l'homme progresse.

La spécificité de l'être humain est d'avoir ajouté une étape supplémentaire au cheminement de l'univers vers toujours plus de complexité. La nature, par son propre élan, a produit le cerveau humain, objet le plus complexe que nous connaissions. Ce cerveau nous a donné le pouvoir de regarder le monde qui nous entoure en nous posant des questions, et en imaginant des réponses. Mais il nous a permis surtout de créer entre les hommes, grâce à toutes les modalités du langage, un réseau de mise en commun, de communication, qui fait de l'ensemble des hommes un objet plus complexe que chaque homme, et donc doté de pouvoirs dont chaque individu est privé. Le fait que le langage fasse correspondre à chaque objet un symbole ne me semble pas essentiel ; ce n'est qu'un moyen au service d'une fin : la mise en place d'un réseau faisant de chaque être humain un élément d'un ensemble solidaire. Cette appartenance met chacun au point de rencontre de ce que lui a donné la nature (l'« inné ») et de ce que lui a apporté la communauté humaine (l'« acquis »). Tout en l'homme est donc à la fois « naturel » et « artificiel ». Les passions prennent racine dans des sécrétions hormonales, mais elles se développent dans le terreau des rencontres.

Et l'agressivité ?

Elle n'est qu'une réaction naturelle face aux difficultés dont l'« autre » est l'origine. Mais cette agressivité peut se transformer aussi bien en haine qu'en amour en fonction de notre capacité à prendre conscience de cette pulsion spontanée. Dans notre comportement, rien ne peut être expliqué par les seules causes naturelles ; rien n'est donc fatal.

Les inégalités non plus ?

La nature nous a faits différents, donc non égaux ; mais, je vous l'ai dit, l'opposé d'« égal » n'est pas « supérieur » ou « inférieur ». C'est notre société qui transforme les différences en hiérarchies. L'exemple le plus clair est celui des aptitudes intellectuelles. Deux cerveaux sont nécessairement non identiques, leurs performances ne sont donc pas les mêmes. Ces performances sont fonction de la collection de neurones fournis par la nature et du réseau de connexions mis en place par le fonctionnement de ces neurones. L'aboutissement provisoire, à un âge donné, dépend de ces deux ensembles de facteurs, sans, évidemment, qu'une part puisse être attribuée à chacun. Le terme « don » fait passer l'idée que notre intelligence est le simple résultat de ce que nous avons reçu. Il est préférable de ne pas l'employer.

Autre exemple : le statut social de la femme et celui de l'homme ne sont-ils pas fixés par leur nature biologique, que nous le voulions ou non ?

Il est clair que la nature accorde aux hommes et aux femmes des performances différentes. Pour une caractéristique donnée suffisamment simple pour pouvoir être mesurée par un seul nombre, cette différence se traduit par une hiérarchie. Ainsi, la taille moyenne des hommes est supérieure à la taille moyenne des femmes ; le tour de hanche des femmes supérieur à celui des hommes. On peut ainsi faire de nombreuses comparaisons ; mais il est impossible de les synthétiser par une hiérarchie globale. La répartition des rôles entre hommes et femmes tient généralement compte de ces réalités biologiques, mais elle dépend surtout de l'arbitraire des cultures ; ainsi, les activités liées à la couture sont spécifiquement féminines en Europe, masculines en Afrique noire.

Puisque tout est à la fois nature et culture, peut-on encore donner un sens à des expressions comme « contre nature », ou encore « dénaturé » ? Est-il contre nature, par exemple, qu'une femme ménopausée ait des enfants ?

Les processus naturels font qu'une femme ménopausée ne peut être féconde. Mais nos comportements sont le résultat de l'interaction entre ces processus et l'aventure personnelle que nous avons vécue ; ils peuvent donc aller parfois à l'opposé du cheminement naturel. Ils sont, si l'on veut, « contre nature », à condition de n'impliquer dans ce terme aucun jugement moral. Empêcher un enfant de mourir est aussi un comportement « contre nature »; c'est pourtant là une merveilleuse victoire humaine.

Et inversement, parleriez-vous d'amour maternel à propos des animaux?

Tout « naturellement », une mère protège son petit — encore que les animaux fournissent parfois des exemples du contraire. Mais je ne qualifie pas cet instinct d'amour. Il s'agit d'une attitude nécessaire à la perpétuation de l'espèce qui peut ne résulter que du jeu des sécrétions hormonales. Pour qu'il y ait amour, il faut qu'il y ait prise de conscience, ce n'est possible qu'en échappant à ce jeu.

On peut parfois regretter d'avoir échappé au bonheur de l'animal! D'avoir perdu l'inconscience de la mort.

Si l'on ignore la mort, il n'est pas possible d'apprécier le présent. Rien ne serait plus triste que de se savoir immortel. En imaginant demain, ce qu'apparemment aucun animal ne sait faire, nous avons donné valeur au présent. Le prix à payer est l'angoisse de l'aboutissement, la disparition finale que nous ne pouvons plus ignorer. Je ne trouve pas que ce soit un prix exorbitant.

Y a-t-il des « secrets de la nature »?

Notre connaissance de la réalité n'est que très partielle. Elle recèle de multiples éléments que nous ignorons encore et même certains que nous ignorerons toujours. Chaque jour des galaxies lointaines dépassent l'horizon accessible à notre regard et disparaissent définitivement. Mais cette partie de l'univers à laquelle nous n'avons pas accès ne constitue pas vraiment un « secret », car ce mot évoque une intention de cacher, un désir de réserver des informations à quelques privilégiés tenus de ne pas les révéler. Notre incapacité à tout connaitre ne résulte pas d'une volonté délibérée de nous cacher une part du réel; elle est une conséquence de la structure de l'univers. Toute connaissance nouvelle nous révèle une part inattendue du réel. Nous sommes comme des fourmis explorant une mosaïque, surprises chaque fois qu'elles découvrent un fragment nouveau et s'efforçant de reconstituer l'ensemble. Chaque découverte améliore la compréhension de l'ensemble dont la totalité reste cependant inconnue. Que représente la mosaïque? La réponse ne sera jamais sans doute obtenue.

Vouloir retourner à une vie naturelle a-t-il un sens pour l'homme?

Toute l'aventure humaine est une lutte contre les pseudo-fatalités de la nature. Apprivoiser le feu ou empêcher les enfants de mourir nous éloignent de notre condition d'objets « naturels ». Cette capacité de lutte est le fondement de notre dignité. Pas question donc de « retourner à la nature ». Il nous faut élaborer un projet pour l'humanité en tenant compte des contraintes imposées par la nature, mais sans chercher dans la nature des leçons orientant nos choix.

Qu'entend-on par lois de la nature?

Lorsque nous observons les phénomènes qui se produisent dans la nature, nous constatons certaines régularités; les caractéristiques qui évoluent simultanément le font en manifestant certaines proportions constantes; ces constances sont exprimées par des relations souvent présentées comme des « lois de la nature ». Ainsi, pour toutes les planètes, le carré de la durée de leur révolution autour du soleil est proportionnel au cube de leur distance à celui-ci; ce constat est l'une des « lois » de Kepler. De même, lors du croisement de pois hybrides provenant de géniteurs l'un « jaune », l'autre « vert », la descendance est constituée d'un quart de pois « verts » et de trois quarts

de pois « jaunes » ; ces proportions constituent la première
« loi » de Mendel.

Cette présentation donne l'impression que ces constances résultent chacune d'une décision spécifique du
Créateur, à la façon dont les lois d'une société sont déci-
dées par le législateur. Leur nombre s'est accru à mesure
que les scientifiques de diverses disciplines ont accumulé
les observations. Trop souvent les sciences sont ainsi vues
comme un catalogue de lois portant chacune le nom de
son inventeur. En fait, les régularités constatées sont en
général des conséquences d'autres lois plus fondamentales. La loi de Kepler peut être déduite de l'existence de
la gravitation telle qu'elle est décrite par la loi de Newton ;
la première ne concernait que les planètes, la seconde
concerne tous les corps dotés d'une masse. De même, la
loi de Mendel est la conséquence du concept de double
commande génétique de chaque caractéristique et de
partage par moitié, lors de la réalisation des gamètes,
des gènes reçus des deux géniteurs.

L'effort de la science consiste à expliquer le plus grand
nombre de phénomènes par le plus petit nombre possible
d'interactions entre les éléments qui constituent le
monde réel. Notre siècle a été particulièrement efficace
dans cette voie puisque aujourd'hui on admet que tous les
processus observés dans l'univers sont la résultante du
jeu simultané de seulement quatre forces : gravitation,
force électromagnétique, et deux forces nucléaires. Mais
ce n'est qu'une étape ; sans doute ce nombre sera-t-il
réduit demain.

Origine

> « Dans la bataille de
> l'homme et du monde,
> ce n'est pas le monde
> qui commence. »
>
> GASTON BACHELARD

*Toutes les cultures ont mis au centre de leur explication de
la réalité une cosmogonie apportant une réponse à la question
lancinante : Pourquoi suis-je là ? Cette recherche de l'origine
est-elle une nécessité logique ?*

Affirmer l'existence d'un objet, c'est admettre que cet
objet aurait pu ne pas être ; c'est donc imaginer qu'il
n'existe qu'en raison d'un événement, son origine, qui lui
a donné l'être. Notre esprit a besoin de se raccrocher, dans
l'espace comme dans le temps, à un point de départ, qu'il
s'agisse de la source d'un fleuve ou de la naissance d'une
nation. Mais ce besoin ne peut trouver totale satisfaction ;
la recherche débouche toujours sur de nouvelles questions. Ainsi pour les cultures qui se sont posé la question :
Sur quoi repose notre sol ?, et qui ont répondu : Il est posé
sur le dos d'une tortue. Viennent alors la question : Sur
quoi repose cette tortue ?, et la réponse : Sur une autre
tortue, qui elle-même... et ainsi de suite jusqu'en bas. Il ne
reste plus qu'à s'interroger sur ce qu'est ce « bas ».

L'expérience de ce genre de cheminement aurait dû
nous apprendre que la quête des origines est celle d'un

Graal définitivement inaccessible. Elle ne peut prendre fin qu'en acceptant arbitrairement de nous arrêter en un point qualifié d'ultime. Jusqu'à ce que d'autres, plus audacieux ou plus acharnés dans leur questionnement, parviennent à franchir une nouvelle étape. On ne peut même pas affirmer que cette nouvelle étape rapproche de la « vraie » origine ; peut-être celle-ci n'est-elle qu'un horizon qui se dérobe.

Pourtant, au cours de ce siècle, astronomes et physiciens ont pu répondre à la question fondamentale, celle de l'origine de l'univers. Ils sont capables de décrire le big bang et de le situer dans le passé. Ne peut-on dire que la réponse est aujourd'hui connue ?

Le modèle du big bang montre au contraire que l'instant initial est inaccessible. Certes, des descriptions de plus en plus précises nous montrent l'état de l'univers à des périodes de plus en plus rapprochées de cet instant. Il a d'abord été question des premières minutes, puis des premières secondes, puis des premières nanosecondes... L'âge de l'univers « initial » ainsi décrit est exprimé en unités égales à 10^{-x} secondes, et chaque année le nombre x est un peu plus grand. Autrement dit cet âge est caractérisé par le logarithme du nombre de fois où sa durée est comprise dans une seconde. Pour atteindre l'instant de départ, l'âge zéro, il faudrait que x soit égal à l'infini ! Si grand soit-il, ce ne sera jamais le cas.

Le recours au logarithme nous permet de mieux comprendre l'impossibilité d'accéder à certains états. Ainsi la température d'un corps ne peut descendre en dessous de – 273 degrés. Cette existence d'un mur infranchissable est, de prime abord, scandaleuse ; pourquoi quelques progrès techniques ne permettraient-ils pas de descendre à – 274 degrés ? Le scandale n'a plus de réalité si l'on mesure la température par le logarithme de l'écart à – 273 ; cette nouvelle mesure peut varier de moins l'infini à plus l'infini, toute limitation disparaît et, avec elle, le pseudo-scandale de l'impossibilité définitive de franchir le seuil inférieur.

Dans le cas du big bang, la nécessité de mesurer l'écoulement du temps autrement qu'avec nos concepts habituels est renforcée par la nécessité d'évoquer le problème de « l'avant big bang ». Pour que cette période puisse être pensée, il faut que la durée y soit définie, que des instants s'y soient succédé. Mais le temps ne passe que si des événements se passent ; or quels événements auraient pu se passer alors que l'univers n'avait pas encore d'existence ? Autrement dit, il est possible de situer cet instant origine dans notre passé ; il se serait produit il y a quinze milliards d'années selon les estimations actuelles ; mais il n'est pas possible de le situer dans une durée antérieure. Rien n'attendait le big bang.

La difficulté disparaît pour les objets créés par la suite, par exemple pour notre planète. Cette fois, l'origine peut être située dans la durée.

Le Soleil et son cortège de planètes se sont formés il y a 4,5 milliards à 5 milliards d'années, c'est-à-dire 10 milliards d'années après le big bang. Plusieurs générations d'étoiles s'étaient déjà succédé, qui avaient produit des éléments nouveaux en combinant des nucléons, constituants des noyaux d'atomes. Mais ce processus de diversification est fort lent ; à l'époque, le nuage d'atomes qui s'est rassemblé pour former le système solaire était fait pour 99 pour cent des atomes les plus simples, ceux d'hydrogène. Les forces de gravitation ont condensé la plus grande partie de ce nuage en une étoile où les atomes, comprimés, se sont combinés en produisant une énergie que le Soleil disperse autour de lui. La force centrifuge résultant du mouvement de rotation du nuage initial a fait échapper une part de la matière ; celle-ci a formé un disque, dont les éléments se sont rassemblés pour former neuf planètes.

Ces planètes ont toutes la même origine — à l'exception peut-être de la plus lointaine, Pluton —, et elles ont donc des compositions voisines. La Terre n'est vraiment singulière que par la présence à sa surface d'une substance qui a disparu, ou qui n'est jamais apparue, sur les autres planètes : l'eau. Cette molécule bien simple (deux atomes d'hydrogène liés à un atome d'oxygène) va provoquer une bifurcation de la suite des événements.

Jusque-là, vous ne décrivez que des objets inanimés, planètes ou galaxies, passivement soumis aux lois de la matière. Quelle origine attribuer aux objets capables de réagir, ceux que l'on dit vivants ?

Là encore, le mot « origine » est trompeur. Il suggère à notre imagination un événement ponctuel, et provoque des interrogations apparemment raisonnables sur l'apparition de la « vie ». Où ? Quand ? Comment ? En fait, il n'y a pas eu événement, mais un long processus sans qu'une frontière puisse être marquée. Aujourd'hui encore, je l'ai dit à propos de la biologie, cette frontière est arbitraire entre l'inanimé et le vivant.

Les océans qui ont recouvert la terre lorsque son refroidissement a été suffisant étaient de véritables cornues d'alchimiste. L'énergie apportée par les orages et les tempêtes a provoqué des rencontres de molécules qui se sont associées pour réaliser des assemblages de plus en plus complexes, donc capables de performances de plus en plus étranges. La plus décisive de ces performances a sans doute été le pouvoir de reproduction qu'a manifesté l'ADN. Mais il est difficile de dater l'apparition de la vie par la réalisation de la première molécule d'ADN. Cette molécule, certes, sait faire un double d'elle-même, ce qui la rend potentiellement indestructible ; mais on ne peut pour autant la considérer comme vivante.

Cette vision peut sembler bien « matérialiste ». En réalité, elle étend notre émerveillement à l'ensemble de l'univers. Les forces qui y sont à l'œuvre sont telles qu'elles ont pu provoquer le passage de l'uniformité initiale à la variété que nous constatons aujourd'hui.

Quel merveilleux univers que celui qui a su produire l'homme !

Car les premières formes d'objets dignes d'être décrits comme vivants n'étaient guère que des cellules tout juste capables d'entretenir quelques métabolismes. Peu à peu, elles se sont différenciées, ont réalisé des structures multicellulaires, ont mis en place des organes capables de performances telles que l'odorat, la vue, l'ouïe. Des espèces nouvelles sont apparues, chaque transformation apportant des possibilités inattendues, ouvrant d'autres voies à l'évolution.

Et un beau jour, l'homme...

Non, justement pas « un beau jour ». Notre espèce, comme toutes les autres, résulte d'une accumulation de mutations, sans qu'il soit possible de décider sans arbitraire à partir de quel stade la nouvelle espèce est en place. En remontant notre généalogie sur quelques centaines de milliers de générations, nous découvrons des ancêtres primates qui sont également des ancêtres des actuels chimpanzés. La séparation des deux lignées a eu lieu il y a environ six millions d'années. Quelques mutations ont empêché que des échanges de gênes puissent être opérés ; les mutations survenues sur une lignée ont été différentes de celles intervenues sur l'autre. À la longue, les espèces sont devenues de plus en plus différentes.

Nous avons perdu la faculté d'agripper des branches avec nos orteils, les mâles de notre espèce ont perdu leur *baculum,* nous avons perdu l'essentiel de notre fourrure, mais nous avons gagné un cerveau plus riche en neurones... Toutes ces transformations ont rapproché nos ancêtres de l'état actuel d'Homo sapiens ; mais elles ont été progressives. L'événement le plus extraordinaire, l'apparition de la conscience, n'a probablement pas été une illumination soudaine, mais une lente sortie des ténèbres ; sortie qui n'est pas encore achevée.

Il y a au moins une origine qui peut être précisément située, la vôtre.

À vrai dire, ce n'est nullement évident. Longtemps, il a semblé que la naissance marquait cette origine. Il est clair pourtant que cette naissance n'est qu'un épisode dans une histoire commencée bien avant. Le bébé qui naît est la continuation du fœtus, lui-même prolongeant l'embryon, celui-ci résultant de la prolifération des cellules à partir de l'œuf primordial. L'origine est donc la conception, dont on sait, maintenant, qu'elle consiste en la rencontre d'un ovule et d'un spermatozoïde.

Mais cette rencontre est elle-même un processus qui n'est nullement instantané. Et surtout ces deux gamètes sont déjà des êtres vivants. Leur rencontre n'a pas fait apparaître la « vie », elle a simplement provoqué l'apparition d'une nouvelle forme de « vivant ». Prétendre situer mon origine serait admettre qu'un certain « moi » se prolonge, immuable, identique à lui-même, depuis l'instant de ma création. Je préfère, orgueilleusement, être celui qui devient « moi » en une longue marche dont le point de départ, s'il existe, a peu d'intérêt, dont seule importe la direction.

Pouvoir, état

« Les hommes se sont donné
des chefs pour défendre leur
liberté ! »
Jean-Jacques ROUSSEAU

*Il est fréquent d'incriminer le pouvoir et l'État face à l'indi-
vidu. Mais en dehors de l'État, l'individu n'est-il pas qu'une
abstraction ?*

L'individu isolé n'est certes pas une abstraction ; il est
un objet bien réel, fait d'organes, de molécules, d'atomes,
de quarks, comme tous les êtres qui l'entourent. Mais cet
individu ne devient une personne, c'est-à-dire un être
conscient de son existence, qu'au sein d'une société.

La logique de base dans l'explication des phénomènes
qui se produisent dans le monde réel repose sur le constat
que la mise en interaction de plusieurs éléments fait
apparaître une structure matérielle dont les performances
sont autres que la simple addition des performances des
divers éléments. Mettre ensemble, c'est provoquer l'apparition de capacités nouvelles, souvent imprévisibles.

Cette logique intervient notamment lorsque ces éléments sont des individus appartenant à notre espèce. La
qualité des interactions qu'ils sont capables de mettre en
place grâce à leurs moyens de communication est telle que
leur ensemble, la communauté humaine, a des pouvoirs

particulièrement étranges, essentiellement le pouvoir d'éveiller la conscience en chacun des individus, d'en faire une personne.

C'est donc la personne, et non l'individu, qui est une abstraction hors de la société.

Quelles sont alors les règles du jeu de l'échange entre les personnes (affectif, intellectuel, économique, etc.) ?

Cette mise en interaction des individus peut prendre de multiples formes, par exemple l'échange de biens matériels. Cela suppose d'avoir au préalable défini la notion de propriété, donc de distinguer celui qui donne de celui qui reçoit.

Donner peut ne résulter que du simple plaisir, sans attendre la moindre contrepartie, même pas un sourire de remerciement. Mais, le plus souvent, donner est motivé par l'attente d'un acte réciproque, donc par la recherche d'une équivalence. Pour que cette équivalence soit admise par les deux individus en cause, des règles du jeu sont nécessaires. Elles ne peuvent résulter que d'une adhésion de tous.

Il reste que les sociétés primitives sont des sociétés sans État. Pourquoi avons-nous inventé l'État ?

Dans un groupe de faible effectif, où les biens échangeables sont limités, ces règles du jeu peuvent être facilement acceptées par tous. Dès que cet effectif grandit et que la variété des échanges s'accroît, il est nécessaire qu'une autorité intervienne pour définir ces règles, les imposer, résoudre les inévitables conflits. Ainsi se crée un État. Il n'est pas une apparition soudaine résultant d'une volonté arbitraire, mais une construction progressive provoquée par les obstacles rencontrés.

Sur quoi repose alors son efficacité ? Sur la force ? Sur le droit ? Qu'évoque chez vous la notion de « contrat social » ?

Au départ, la seule force d'un individu, ou sa capacité d'intimidation, lui permet d'imposer les règles qui lui conviennent. Puis des groupes se constituent qui mettent en commun leurs forces pour détenir le pouvoir.

Le concept de légitimité de ce pouvoir ne peut être évoqué que dans une collectivité où les notions de bien et de mal ont été inventées. La façon la plus simple de fonder cette légitimité est d'admettre que la force, donc la position dominante, vient d'un don du Créateur, lui-même source de la définition du bien et du mal. Le souverain de « droit divin » ne peut plus alors, par définition, être soumis à contestation.

Si l'on récuse cette source du pouvoir, le fondement de sa légitimité ne peut être que la collectivité elle-même qui organise les rapports entre individus au mieux des intérêts de tous, c'est-à-dire qui passe un « contrat social » avec elle-même.

Lorsque ce contrat est passé et que les citoyens doivent obéir aux lois, peuvent-ils encore conserver leur liberté ?

La liberté n'est pas la possibilité de réaliser tous ses caprices ; elle est la possibilité de participer à la définition des contraintes qui s'imposeront à tous. Ces contraintes sont, notamment, exprimées par des lois. Il ne s'agit pas de leur obéir passivement, mais de les respecter et, au besoin, de les faire évoluer lorsqu'il apparaît qu'elles ne correspondent plus au bien collectif.

À travers la loi, l'individu parvient-il à dépasser ses intérêts privés, c'est-à-dire à accéder à la moralité, à la rationalité ? À l'universel ?

La loi permet à l'ensemble des individus de constituer une structure organisée qui, en tant que structure, dispose de pouvoirs que ne possède aucun de ses éléments.

Simultanément, deux causalités sont à l'œuvre :

• par les liens qu'ils créent entre eux, les individus créent une communauté plus complexe que chacun d'eux, donc riche de potentiels qu'aucun d'eux ne possède ;

• cette structure fait émerger en chaque individu la conscience d'être, le besoin de devenir, l'obligation d'orienter l'aventure collective.

Les individus font de la collectivité un peuple ; la collectivité fait de chaque individu une personne. C'est là la meilleure démonstration de la capacité d'autoconstruction des structures intégrées.

La démocratie réalise cette autoconstruction par l'instauration de réseaux auxquels tous les individus sont conviés. La dictature attend d'un homme, ou d'un petit groupe, qu'il construise une société conforme à sa propre volonté.

La dictature est évidemment beaucoup plus efficace dans l'immédiat ; face à un problème, elle peut réagir aussitôt. Mais elle n'est pas capable d'accepter le besoin individuel de liberté ; sa logique la conduit à détruire les personnes, à éliminer les opposants ; elle ne règne bientôt plus que sur un groupe soumis.

Notre culture, en prenant comme critère de réussite collective l'efficacité, fait pénétrer sournoisement dans les esprits l'idée qu'une « bonne dictature » serait meilleure que le « bordel ambiant ». C'est exactement le même processus que la tentation du recours à la drogue face au manque d'espoir.

Le marxisme a contesté cette conception de l'État séparé de la société — soi-disant au-dessus des partis. Pour Marx, l'État serait au service de la classe dominante. Qu'en pensez-vous ? Et pensez-vous que le marxisme est mort ?

Si l'État est au service d'une classe ou d'un groupe, il n'y a plus de démocratie et cet État doit être combattu.

Quant à l'affirmation : « le marxisme est mort », elle a aussi peu de sens que : « Dieu est mort. » Ce ne sont que des slogans dépourvus de signification.

Marx a eu le malheur de voir son nom utilisé pour désigner une théorie qui ne reprend qu'une partie de la richesse de sa réflexion. Il faut continuer à lire Marx

comme on continue à lire Aristote ou Spinoza, non pour
être d'accord avec eux, mais pour nourrir notre réflexion
critique au contact de la leur.

*Vous pensez donc qu'une vraie communauté ne peut se pas-
ser d'État. Le rejet absolu de toute forme d'État — ce qu'est
l'anarchisme — vous parait sans doute insensé ?*

La société idéale est, bien sûr, la société anarchique : il
suffirait, pour qu'elle soit réalisable, que tous les hommes
soient honnêtes et généreux. C'est-à-dire qu'ils assument
totalement leur humanité. Alors les échanges qui permettent à chacun de se construire au contact des autres se
mettraient en place tout naturellement, sans conflit.

On peut espérer que cela sera possible un jour ; force est
de constater aujourd'hui que les conditions permettant
une anarchie heureuse ne sont pas tout à fait réunies ! Mais
l'humanité est encore bien jeune, elle n'a que quelques
centaines de milliers d'années et vit actuellement une
période de puberté. Nos sociétés basées sur la violence et
la compétition ne seront pas éternelles ; elles feront peut-
être place un jour à des sociétés basées sur le respect.

Entre-temps, dans nos sociétés imparfaites, il est commode de désigner un « chef ». Cette fonction ne fait pas de
lui un personnage supérieur aux autres ; il est surtout un
premier de cordée à qui on a délégué certains choix, aux
décisions de qui on fait confiance. Il n'a pas à exercer une
autorité du haut vers le bas, mais à assumer une responsabilité qui lui donne le devoir d'imposer parfois sa
volonté.

Mais tout pouvoir est provisoire ; celui qui l'exerce doit
savoir qu'il aura un jour à rendre des comptes.

*C'est justement ce qui se produit dans les vraies démocra-
ties, où l'alternance entre les partis empêche les monopoles de
pouvoir.*

Oui, dans les *vraies* démocraties. Une vraie démocratie
exige que chacun participe, à égalité avec tous, aux déci-

sions importantes. Pour la gestion des affaires publiques, quelques nations, environ une vingtaine sur les quelque cent quatre-vingts recensées par l'ONU, ont mis au point des procédures relativement efficaces. Mais il faudra, le plus vite possible, mettre au point d'autres procédures pour assurer une prise de décision démocratique pour les problèmes, de plus en plus nombreux en raison des progrès techniques, qui mettent en cause l'éthique (avortement, procréation médicale assistée, peine de mort, etc.).

Il arrive parfois, souvent, qu'il faille se battre pour obtenir de nouvelles procédures, pour créer comme vous le suggérez de nouvelles instances de délibération. Cela veut-il dire que l'État ne remplit pas son rôle ?

Un État est nécessairement lourd, lent à s'adapter à des réalités nouvelles. Il faut que les citoyens interviennent pour le faire évoluer. Mais il ne s'agit pas de se battre pour le plaisir — même si ce plaisir est parfois non négligeable. L'idéal serait d'obtenir les évolutions nécessaires sans violence.

Que pensez-vous de la théorie de John Rawls, philosophe américain contemporain ? Il imagine la situation suivante : les personnes doivent choisir — et elles ignorent leur future position dans la société — les principes de répartition des biens fondamentaux. Elles ne peuvent favoriser qui que ce soit, elles optent pour l'organisation la meilleure pour tous. Aucun individu dans une telle situation ne peut désirer une société injuste, et pourtant, nous dit Rawls, chaque personne est d'accord pour reconnaître que les inégalités sociales et économiques ne peuvent pas ne pas exister. Il tente de concilier droits de base — pour tous — et inégalités — car stimulant le marché.

Il existe au moins une personne qui ne reconnaît pas la nécessité des inégalités sociales ou économiques : moi! Et je ne crois nullement être seul. La nature nous fait non égaux, mais l'objectif de la société pourrait être de compenser ces inégalités pour apporter à tous un égal accès aux moyens de construire sa personne, ce qui est la finalité d'une vie.

L'idée perverse est que les inégalités sont source d'activité car elles sont stimulantes ; comme si le seul moteur de chacun était son désir de l'emporter sur l'autre ! Il existe un moteur beaucoup plus dynamisant : le désir de ne pas perdre le cadeau merveilleux qu'est une vie d'homme, ce que les philosophes appellent l'« angoisse existentielle ». Cette angoisse est présente chez les enfants, ils savent la manifester, mais le bourrage de crâne auquel ils sont soumis leur fait croire que la solution de cette angoisse sera trouvée dans la réussite sociale. Quel appauvrissement !

Que pensez-vous de la phrase de saint Thomas d'Aquin : « En cas de nécessité évidente... il est légitime d'utiliser le bien d'autrui pour subvenir à ses propres besoins » ?

Cette phrase de saint Thomas d'Aquin résume l'opposition, dans certaines circonstances, entre le légal et le légitime. En juin 1940, le général de Gaulle a commis un acte illégal en désobéissant au gouvernement, mais un acte légitime en préservant la continuité de la France. À un niveau tout autre, un squat est illégal, puisqu'il viole le droit de propriété, mais légitime, puisqu'il oblige la société à respecter le droit au logement.

En faisant ainsi une différence entre le légal et le légitime, vous suggérez que nous devrions inventer une organisation de la société « meilleure » que la démocratie. Qu'est-ce qu'une société idéale ?

La démocratie n'est pas un état dans lequel une société peut s'endormir ; elle est une recherche constante de rapports meilleurs entre les citoyens. L'idéal ne peut guère être atteint ; s'il l'est ce ne peut être que provisoire car les données du problème collectif sont toujours nouvelles, ne serait-ce que par le remplacement des générations.

Mais finalement, qu'est-ce que la politique, et, surtout, à quoi sert-elle ? De nombreux jeunes ne voient les hommes politiques qu'à travers leurs caricatures ; ils déconsidèrent ce milieu — « Tous pourris ! » —, ils ne voient plus le bien-fondé de la gestion qui, dans leur esprit, est synonyme d'enrichissement personnel.

Tout citoyen est un « homme politique ». Je m'engage, tout en sachant que mes engagements peuvent se révéler erronés.

Le vrai problème est d'éliminer du pouvoir ceux qui ne le cherchent que par goût du pouvoir. L'homme politique idéal est Cincinnatus, qui refusait le pouvoir et qu'il a fallu aller chercher, pour en faire un président, alors qu'il labourait son champ. Parmi les progrès nécessaires de notre démocratie, la mise en place de procédures permettant de nommer chef celui qui ne désire pas être chef est particulièrement urgente. Ce n'est pas impossible : c'est probablement ce qui s'est passé à Prague lorsque Vaclav Havel est devenu président.

« Citoyens du monde », qu'évoque pour vous cette expression ?

Je me suis inscrit parmi les « Citoyens du monde » en 1947 lorsque l'Américain Gary Davis a déchiré son passeport pour marquer son désir de voir disparaître toutes frontières. À cette époque, même un ministre aussi peu révolutionnaire que Georges Bidault s'est écrié : « Les frontières sont les cicatrices de l'histoire », or les cicatrices sont faites pour disparaître.

Le 28 septembre 1995, Libération a publié un article de Jacques Bidet sur Marx, dont voici un extrait : « La logique du marché capitaliste domine l'ordre mondial. D'étroites couches de privilégiés accaparent non seulement les moyens de travailler et de communiquer, mais la planète elle-même. L'impérialisme économique broie les vastes communautés humaines qu'il absorbe sous le régime de l'entassement précaire, du

chômage, du dénuement et souvent de la faim. L'appétit de la
« richesse abstraite » du profit mange la forêt. Les marchands
de canons assurent l'approvisionnement des dictatures les
plus réactionnaires qui montent la garde aux points straté-
giques... Chacun sait aujourd'hui que nous formons un seul
monde, dans lequel Ahmed obtient pour le même travail,
s'il en trouve, un salaire cinquante fois inférieur à celui
d'Arthur... » Que pensez-vous de cet article ?

« La misère du monde est d'une actualité bien plus
brûlante que la rivalité entre le communisme et le capita-
lisme. Elle oppose les pays hautement industrialisés du
Nord aux pays sous-développés du Sud. La lutte Est-Ouest
va donc, dans quelques années, être remplacée par la
lutte entre le bloc Nord et le bloc Sud si une loi mondiale
ne vient pas rapidement rendre stériles de tels combats. »
Cela a été dit en 1957 par l'abbé Pierre.

En 1996, nous constatons qu'il a été prophétique ; il est
urgent que chaque Terrien prenne conscience du drame
humain qui s'approche et devienne un « homme politique », c'est-à-dire un homme engagé dans la seule juste
guerre, la guerre contre la misère.

Quotient intellectuel

> « Le malheur avec un type intelligent, c'est qu'il n'est jamais assez intelligent pour ne pas se dire qu'il est le plus intelligent. »
> Boris VIAN

Aucun concept n'a engendré autant de controverses que celui d'« intelligence ». Doit-on chercher à la définir, ou accepter d'oublier cette notion pour laquelle, d'ailleurs, les Grecs n'avaient forgé aucun mot ?

N'ayons pas peur des tautologies et admettons que l'intelligence est l'ensemble des performances résultant du fonctionnement de notre système nerveux central. Ces performances sont de fort diverses natures ; elles concernent aussi bien la mémorisation que l'imagination, la déduction que l'intuition, la capacité à poser des questions que celle de trouver des réponses, l'émotion que la maîtrise de soi. Selon les cultures, tel ou tel aspect de cette activité intellectuelle est particulièrement valorisé, ainsi la rapidité dans notre société. Mais ce choix est évidemment arbitraire. Avant tout discours sur l'intelligence, gardons présent à l'esprit ce fait : elle ne peut être définie que comme un ensemble.

Peut-on alors conserver l'idée, comme certains le prétendent, de la mesurer au moyen de tests toujours plus élaborés ?

Il est, par définition, impossible de mesurer un ensemble. On ne mesure que des caractéristiques pour lesquelles des unités ont été définies, permettant de situer les divers objets sur une échelle hiérarchique. Car l'objectif de toute mesure est de répondre à la question : Lequel de ces objets est supérieur à l'autre ? ce qui n'a de sens que pour une caractéristique donnée. Un caillou n'est pas supérieur à un autre caillou. Il est plus lourd, il est plus volumineux, il est plus dur, mais il n'est pas globalement supérieur. On peut certes définir une caractéristique globale en pondérant diverses mesures et en faisant une moyenne, mais le résultat ne peut être qu'arbitraire. On ne peut mesurer que ce qui est unidimensionnel.

La recherche d'une mesure de l'intelligence résulte du besoin, totalement irrationnel, de situer les individus sur une échelle représentant leur capacité intellectuelle. N'oublions pas que la première utilisation d'une telle mesure a été le fait, vers 1917, de militaires américains en situation d'urgence : ils avaient à affecter dans les différentes armes les conscrits enrôlés pour venir faire la guerre en Europe. Ils ont utilisé des tests semblables à ceux imaginés au début du siècle par le Français Binet, puis par des psychologues californiens. Ceux-ci, étudiant des enfants, avaient eu l'étrange idée de synthétiser l'ensemble des résultats aux divers tests en un âge mental ; puis de diviser cet âge mental par l'âge réel pour obtenir un quotient : le « quotient intellectuel ». En pondérant les notes obtenues par les conscrits, les autorités militaires ont, elles aussi, obtenu un nombre, le QI. Il leur a permis d'affecter chacun à l'arme correspondant à sa performance.

Que des tests caractérisant telle ou telle aptitude intellectuelle puissent être mis au point et être d'une grande utilité, nul ne le conteste. L'erreur logique est de vouloir donner un sens absolu à un chiffre global, censé en représenter la synthèse, et dont personne ne peut dire ce qu'il mesure.

Néanmoins, lorsque le QI est mesuré sur l'ensemble d'une population, sa répartition est toujours très proche de la célèbre courbe de Gauss, ou « courbe en cloche »; cette régularité n'est-elle pas la preuve que ce nombre mesure une caractéristique réelle ?

Tout au contraire, ce constat est une forte indication en faveur de l'hypothèse qu'il ne mesure rien. Ceci résulte d'un théorème qui mériterait d'être plus largement connu, un théorème de Liapounof. Il affirme ceci : mesurez chez chaque individu de multiples caractères sans liens entre eux, taille, fortune, étage de l'appartement habité, nombre de globules rouges par millimètre cube de sang, etc. ; calculez la moyenne des nombres trouvés; plus ces caractères seront nombreux, moins la moyenne obtenue aura de signification, mais plus elle aura une répartition proche de la courbe en cloche.

Cette répartition « gaussienne » est une simple illustration d'une propriété mathématique ; elle ne donne aucun argument aux sectateurs du QI.

Constatant que la proportion de personnes dont le QI est supérieur à 140 est partout de deux pour cent, quelques psychologues américains ont fondé un club réservé à ces champions, la Mensa. Est-ce là un réservoir d'individus supérieurs ?

Cette proportion constante est simplement le résultat de la façon dont est calculé le QI. Les notes aux divers tests et les pondérations attribuées à ces notes ont été choisies de telle façon que, dans la population de référence, population blanche occidentale, l'ensemble des QI a une moyenne égale à 100 et les deux tiers sont compris entre 85 et 115. Il en résulte, compte tenu de la forme de la courbe de Gauss, que deux pour cent d'entre eux sont supérieurs à 140. Ce n'est qu'une conséquence obligatoire de la définition de cette mesure.

Les membres de la Mensa ont, c'est vrai, un QI élevé ; sont-ils pour autant des « hommes supérieurs » ? Le

seul fait d'avoir pris la peine de s'inscrire à ce club est
plutôt signe d'une certaine débilité de caractère. Ils cherchent à afficher leur performance; ils n'ont même pas
conscience du caractère infantile de cette attitude. Si
j'avais à recruter un collaborateur, je me méfierais de la
Mensa.

*Un récent livre à succès écrit par deux américains a pour
titre* The Bell Curve *(« La Courbe en cloche »). Il y est affirmé
que le QI moyen des Noirs est inférieur de 15 points à celui des
Blancs. Les auteurs en concluent qu'il s'agit, pour l'essentiel,
d'une infériorité génétique sur laquelle l'éducation ne peut
avoir de prise. Comment réagir face à de telles affirmations ?*

Régulièrement paraissent des ouvrages ressassant ce
couplet, bien utile pour justifier le sort inférieur des
Noirs dans la société américaine. La nature serait l'origine
principale des inégalités. Ne discutons pas l'écart de
15 points. Le problème est d'en connaître la cause. C'est
le problème souvent posé en évoquant les « parts » de
l'inné et de l'acquis dans la détermination d'une caractéristique quelconque. Nous l'avons traité dans un autre
chapitre. Retenons surtout que ce concept de parts ne
pourrait avoir de sens que dans le cas où patrimoine génétique et aventure vécue ajoutent leurs effets. Il est clair
que ce modèle additif ne s'applique nullement à l'activité
intellectuelle.

De telles tentatives de justification des inégalités sont
proposées chez nous en comparant non plus les Blancs et
les Noirs mais les diverses classes sociales. Il est probable
qu'en moyenne le QI croît avec le niveau de vie. L'erreur
est alors de passer de cette corrélation constatée à l'affirmation d'une causalité.

La même erreur est souvent commise par ceux qui utilisent le QI pour orienter les élèves ou pour leur interdire
de poursuivre leurs études. Le raisonnement paraît rigoureux : « L'expérience montre que les enfants ayant un QI
inférieur à 90 échouent très souvent avant d'atteindre le

niveau du bac ; écartons-les du système éducatif, ils y perdraient leur temps et coûteraient cher inutilement à la société. » Malgré son apparence logique, cette déduction repose sur la croyance en une causalité, alors qu'il ne s'agit que d'une corrélation. Les mêmes causes qui ont entraîné un QI faible provoqueront l'échec scolaire ; l'attitude raisonnable est de s'attaquer à ces causes, non de les accepter comme une fatalité.

Car ces causes ne sont pas le plus souvent d'origine génétique, elles sont essentiellement sociales, elles peuvent donc être transformées.

Pour évaluer l'influence du patrimoine génétique sur un trait défini, ne suffit-il pas de comparer des jumeaux, les uns élevés dans leur famille, les autres élevés séparément ?

Encore faut-il que ce soient de vrais jumeaux, c'est-à-dire des enfants résultant d'une seule fécondation, ce qui est le cas d'environ un tiers des cas de gémellité. Les comparaisons réalisées ainsi permettent effectivement d'attribuer les ressemblances soit à la nature, « l'inné », soit à l'aventure, « l'acquis ». La difficulté est de trouver de tels cas en nombre suffisant pour obtenir des résultats statistiquement significatifs, et de s'assurer de la comparabilité des deux ensembles : élevés séparément et élevés ensemble.

Cette difficulté est si grande que ce domaine de recherche a été marqué par une des plus graves tricheries commises par des scientifiques. Un psychologue anglais très connu pour ses travaux sur l'intelligence et son développement chez les enfants, Sir Cyril Burt, a publié de nombreux résultats obtenus sur un échantillon de jumeaux vrais élevés séparément, qui portait sur un nombre croissant à mesure de ses recherches. Ses derniers articles présentaient un ensemble de cinquante-trois paires. Il concluait des mesures effectuées sur ces enfants à une détermination presque absolue du niveau intellectuel par la dotation génétique. Ce n'est qu'après sa mort, en 1970, qu'il fut possible d'accéder à ses observations. On constata alors qu'elles avaient été presque entièrement inventées. Les jumeaux n'existaient pas. Cyril Burt avait rempli des tableaux de chiffres décrivant les résultats d'observations fictives ; il avait imaginé ces résultats de telle façon que les QI des jumeaux vrais élevés séparément avaient un coefficient de corrélation de 0,86. Les QI qu'il prétendait avoir mesurés chez des frères et sœurs non jumeaux élevés séparément n'avaient qu'une corrélation de 0,53. L'écart entre ces coefficients apportait la preuve du rôle primordial du patrimoine génétique dans le développement de l'intelligence, ce qui permettait de fournir une base « scientifique » à la théorie des dons. Tout ce bel édifice s'est effondré lorsque la supercherie fut découverte par des chercheurs désireux de retrouver les données initiales de Burt.

Finalement, quelles caractéristiques de l'activité intellectuelle sont prises en compte par le QI ?

Principalement la vitesse. La plupart des tests qui aboutissent à la mesure du QI se déroulent sous le contrôle du chronomètre. Le « testé » a le sentiment qu'il lui faut avant tout répondre vite. S'il y parvient, il obtient un QI élevé ; mais la rapidité est moins essentielle pour la construction de notre propre outil intellectuel que la capacité de s'interroger et de remettre en cause notre compréhension. Certes, dans notre société, il est souvent utile d'avoir des réflexes rapides, mais c'est une caractéristique de peu d'intérêt dans de nombreuses cultures. Le paysan d'autrefois, vivant au rythme des saisons, n'avait guère à prendre de décisions rapides, il lui fallait longuement les mûrir. Il prenait son temps et n'était pas moins intelligent que le citadin d'aujourd'hui constamment affronté à un rythme effréné dont il n'est pas le maître.

Religion

« Il est temps d'instaurer
la religion de l'amour. »
Louis ARAGON

Le fait religieux semble être une composante de toutes les civilisations. Remonte-t-il, selon vous, aussi loin que l'humanité?

Il est classique d'admettre que la qualité d'« homme » se manifeste par l'interrogation face à la mort; interrogation qui conduit à entourer cet événement de rites. Retrouver un squelette en position fœtale signifie que l'entourage a voulu faire de la mort de ce personnage une nouvelle naissance. Il y a donc eu questionnement à propos de l'après décès; et peut-être quelques réponses. J'imagine que la formulation de ces réponses, fournies nécessairement par un effort d'imagination, a été la première activité « religieuse ».

Quelles aspirations les religions traduisent-elles? Sont-elles des réponses aux mystères de l'existence?

Le premier mystère est la mort de l'autre. Capables de penser l'avenir, nous concluons que ce sort est aussi le nôtre. Dès que nous l'avons compris, tous les événements de notre vie se déroulent devant cette toile de fond : il y a la mort au bout. Comment le supporter? La solution la plus confortable est de nier cette évidence en imaginant un monde autre, inaccessible à nos sens, que nous construisons en partie selon nos désirs; et le désir premier est d'échapper à la mort; d'où l'éternité souhaitée. Toutes les religions font face à l'insondable mystère de la mort.

Cette conception de la religion laisse-t-elle une place au « sacré »?

Je préfère ne pas lier la notion de « sacré » au phénomène religieux. Pour moi, est sacré ce qui est absolument respectable. En premier lieu la personne de l'autre, en deuxième lieu le corps de l'autre, en troisième lieu les objets que l'autre considère comme sacrés.

C'est pourquoi est sacrilège la peine de mort, sacrilège le viol, sacrilège la profanation des objets de culte, quel que soit ce culte s'il a des fidèles.

Êtes-vous effrayé par l'énigme de l'univers?

Le « silence des espaces infinis » ne m'effraie pas; il me fascine. En fait, ces espaces ne sont nullement silencieux; ils nous parlent; ils nous envoient des photons, des gravitons — du moins nous le supposons —, qui nous racontent mille choses sur l'univers. Songez à la super-nova de février 1989 qui avait explosé 160 000 années plus tôt; elle nous a apporté une moisson d'informations sur les processus à l'œuvre dans l'univers.

L'univers n'est pas en lui-même une énigme; il est une réalité dont nous nous approchons en sachant que, fort heureusement, notre connaissance en sera toujours partielle.

La peur, l'angoisse peuvent-elles seules expliquer le « succès » des religions?

Au départ, certes, il y a l'angoisse. Le rôle des religions est de transformer cette angoisse en espoir. Cet espoir peut être un paradis imaginaire ; il pourrait être aussi non pas le paradis sur terre, mais une vie des hommes un peu mieux organisée.

Avez-vous le sentiment d'être une créature ou plutôt d'être un créateur (parmi d'autres) ?

Je suis évidemment une créature, façonnée par les forces à l'œuvre dans l'univers. Mais parmi tous les objets ainsi créés, je suis le seul, avec mes chers collègues de l'espèce humaine, à m'interroger sur le monde et sur moi-même. Cette activité fait de moi un cocréateur. Mon espace de liberté dans cette cocréation est sans doute limité, mais il est suffisant pour occuper une vie entière. (J'ai exprimé ce sentiment dans une petite fable qui termine *L'Héritage de la liberté* et qui ose réécrire la Genèse : lorsque l'homme au jardin d'Éden a osé désobéir à Dieu, celui-ci, pour la première fois, a souri.)

Cela laisse augurer d'une façon pour le moins originale de concevoir « le divin ».

« Divin » peut évoquer Dieu, ou les dieux. Malgré la similitude des mots, il s'agit de notions très différentes ; hélas, le remplacement d'une minuscule par une majuscule ne suffit pas à marquer cette différence.

Qu'ils soient grecs ou hindous, les dieux ne sont que des produits de l'imagination des hommes. Ils permettent de répondre facilement aux interrogations que nous formulons face aux événements qui nous entourent. Une réflexion un peu plus exigeante oblige à les remplacer par des concepts permettant une explication plus satisfaisante des faits observés. Devant une tempête, on peut admettre qu'elle est le produit d'une colère de Neptune, résultant d'une dispute avec quelque déesse ; on peut aussi y voir le résultat d'une baisse de la pression atmosphérique, provoquée par tel changement survenu ailleurs. La première attitude est à la source de magnifiques histoires, mais elle n'apporte aucune compréhension des phénomènes. La seconde permet au moins de tenter des prévisions pour le temps qu'il fera demain. En raison de leur propension à tout expliquer par la présence de dieux ad hoc, aussi nombreux qu'il le fallait, les Grecs n'ont guère fait progresser la compréhension des mécanismes du monde réel. Dans ce contexte, est divin tout phénomène que nous renonçons à comprendre.

Mais « Dieu » évoque un besoin tout autre qu'une explication des réalités du monde ; il se réfère à un besoin de transcendance, au constat de l'imperfection de notre capacité de compréhension, à l'évidence de notre finitude face à notre appétit d'infini. Ce mot ne désigne pas une personne plus ou moins proche de nous, il n'exprime pas le mystère de l'univers, mais le mystère de cette partie de l'univers qu'est l'ensemble des humains, seule capable de le regarder comme si elle lui était extérieure. Alors est « divin » ce qui est au cœur de notre émerveillement. Car, pour nous émerveiller, il nous faut à la fois être objet dans l'univers et sujet l'interrogeant.

En parlant des dieux grecs, vous touchez au domaine des mythes. Qu'est-ce qui distingue les religions des mythes ?

Les mythes proposent une explication, présentée comme imaginaire, des événements inexplicables. Les religions présentent cette explication comme correspondant à une réalité. Elles se réfèrent souvent, pour justifier cette affirmation, à une révélation au cours de laquelle des puissances extérieures à l'univers auraient dévoilé ces réalités à des humains privilégiés, tels certains prophètes.

Quels sont les aspects positifs des religions sur lesquels vous insisteriez : les rites (qui scandent la vie des hommes et contribuent à tisser le lien social), l'éthique (de justice, de modération, de bienveillance), la philosophie (la sagesse, la réflexion, la modération), l'espérance, la grâce ?

Que pensez-vous de la position d'Auguste Comte qui, athée de conviction, croit la religion nécessaire pour intégrer l'individu à la société ?

On peut, comme Auguste Comte, donner à « religion » l'étymologie *religare* et y voir un moyen de relier les hommes. De fait, chacun de nous doit, au cours de sa vie, construire son identité ; les religions peuvent l'aider dans ce travail, du moins dans un premier temps. Mais elles peuvent aussi lui confisquer sa liberté de questionner en lui apportant des réponses préfabriquées et même en le menaçant des pires châtiments s'il ne les accepte pas pour bonnes.

Au cours de l'histoire, les religions ont souvent eu un rôle éducateur ; elles ont contribué à un progrès moral ; mais leur prétention à détenir la seule vérité a été la source des guerres les plus atroces. Il est bon de relier les hommes, mais à condition de ne pas les relier en groupes antagonistes.

Une autre étymologie peut être proposée : *relegere*, « relire ». La religion devient une pratique de re-lecture. Re-lecture de textes considérés comme sacrés, ou re-lecture de l'univers. Cette activité est alors très exactement une é-ducation, c'est-à-dire un processus permettant à chacun de sortir de lui-même pour remettre en cause sa vision du monde et de lui.

Avez-vous déjà ressenti une « émotion religieuse » devant le mystère de l'existence ? Dans un lieu sacré ? Après une épreuve douloureuse ?

À cette question indiscrète ma réponse, comme celle de chacun, est « oui ». Mais cette émotion est, le plus souvent, inattendue. Un regard, le silence d'une crypte, le choc d'une nouvelle dramatique ou libérante, un parfum, ou tel passage de *Kleine Nacht Musik*, font que notre être n'est plus qu'une participation à « la danse de Shiva », le mouvement harmonieux du cosmos.

Ou encore, pour reprendre le terme de la tradition judéo-chrétienne : « création ». Mais je ne pense pas que vous laissiez intact ce mot... En quoi doit-il être revu et corrigé ?

Chaque chose que nous voyons a eu nécessairement une origine, un début. Parlant de l'univers, nous en déduisons que lui aussi a un début, qu'il a donc été créé. Mais nous commettons ainsi l'erreur logique consistant à étendre à un ensemble ce qui est vrai pour chacun de ses éléments. En fait, à l'intérieur de l'univers, tout objet est effectivement « créé » par association d'éléments préexistants. Mais l'univers lui-même, englobant par définition la totalité de ce qui existe, doit être pensé selon une autre logique.

La conception actuelle d'un univers en expansion aboutit à la notion de big bang, explosion initiale à partir de laquelle il évolue. Mais cette explosion n'a pas seulement fait apparaître les éléments concrets qui le constituent ; elle a fait apparaître la durée, qui ne pouvait avoir de définition en l'absence de ces éléments. Il n'y a donc pas d'« avant big bang » ; ce qui rend impensable le passage, à un instant repérable, du néant à un monde concret. Pour éliminer cette difficulté, il suffit de modifier la mesure du temps en utilisant le logarithme de la durée écoulée depuis le big bang ; l'origine est ainsi reportée à l'infini, ce qui supprime les interrogations sur un « avant », donc sur un instant créateur. Et par conséquent sur un Créateur.

Lucrèce déjà (environ 55 av. J.-C.) pensait que l'invention des dieux était un désastre pour l'humanité. « Que de plaies pour nous, que de larmes pour nos descendants ! » Étonnant, non ?

L'invention des dieux (encore une fois, distinguons bien les mots « dieux » et « Dieu ») résulte d'une démission de la raison, plus précisément d'une incapacité à accepter une évidence douloureuse, du moins pour certains : que la raison ne peut apporter de réponse à tout. Cette invention, comme toutes les inventions, a été utilisée parfois pour provoquer les pires fléaux, ainsi les effroyables guerres de religion. Mais c'est l'usage qui en est fait plus que l'invention elle-même qui est coupable.

Freud estime que la religion, indépendamment de son usage, est une « illusion » qui trouve ses racines dans l'enfance.

Elle répond à un besoin de fascination (le père > Dieu le père) et de consolation. Il écrit dans L'Avenir d'une illusion : « *Mais le stade de l'infantilisme n'est-il pas destiné à être dépassé ? L'homme ne peut pas éternellement demeurer un enfant, il lui faut enfin s'aventurer dans l'univers hostile.* » *Qu'en pensez-vous ?*

Les religions sont en effet marquées par de nombreuses traces d'infantilisme et, plus généralement, d'anthropomorphisme. Dans l'incapacité de concevoir Dieu, nous nous réfugions dans des représentations caricaturales, en l'affublant d'attributs humains, par exemple en le regardant comme un père, donc comme un mâle. Les religions se sont empêtrées dans l'incohérence en acceptant, pour être mieux entendues de la multitude, d'adopter pour parler de Dieu des mots utilisés autrefois pour parler des dieux.

En poursuivant dans cette direction, on arrive à Marx, pour qui la religion est l'« opium du peuple ». Elle console, elle fait espérer les faibles, elle masque la misère, mais ne la détruit pas. Êtes-vous proche de cette analyse ?

Que la religion ait été en Europe, à l'époque de Marx, l'« opium du peuple » est un simple constat objectif. L'évocation d'un paradis à gagner en acceptant les misères du monde présent a été une véritable drogue évitant la révolte des exploités. La religion catholique n'a pas fini de payer sa compromission avec ce détournement des paroles de l'Évangile.

Freud, Marx... Le troisième philosophe du « soupçon », Nietzsche, pense que la religion est la négation de la vie, un contresens absolu avec tout son cortège : ressentiment, culpabilité, renoncement, abnégation, mortification, ascèse, honte, etc. Il oppose deux styles de vie. L'homme du ressentiment est hostile, en réaction, domestiqué, humilié, esclave. Or le nouveau sens de la moralité consiste, selon Nietzsche, à revenir sur ce contresens ascétique. L'homme doit redevenir celui qui crée, qui affirme, il doit réhabiliter la corporéité, décréter la fin de la honte, désapprendre la négation, la sécurité, et se dépasser. Qu'en pensez-vous?

Toute ma réflexion de généticien va dans le sens de ce que vous dites de Nietzsche : le propre de l'homme est la capacité à participer à sa destinée, à penser à l'avenir, à discerner les bifurcations possibles, donc à vouloir et à devenir ce qu'il décide d'être.

Dans la mesure où les religions diffusent un message de soumission, elles vont à l'encontre du potentiel humain. Mais on ne peut pour autant proclamer : « Dieu est mort », qui me semble un cri de victoire dépourvu de sens. Ce qui est mort, ou qu'il faut aider à mourir, est l'idée d'un Dieu tout-puissant à qui il suffit d'obéir pour plaire et obtenir quelques récompenses. Notre dignité réside dans notre refus des contraintes imposées par la nature ; c'est par ce refus que, devenant cocréateur, nous nous approchons de ce que cherche à exprimer le mot « Dieu ».

Lorsque des théologiens développent une théologie de la libération, il me semble qu'ils participent à ce mouvement qui ne fait nullement mourir Dieu mais rapproche de l'objectif authentique d'une relecture de l'univers.

Drewermann — prêtre et psychanalyste — a écrit un livre qui a fait grand bruit, Fonctionnaires de Dieu, *qui s'inscrit un peu dans cette perspective nietzschéenne. Il écrit par exemple : « Seul un être épanoui peut faire du bien. »*

Les « fonctionnaires » décrits par Drewermann sont les fonctionnaires du Vatican, non ceux de Dieu. On n'imagine pas des « fonctionnaires de l'Évangile ». Pour les catholiques, le problème aujourd'hui est de décider ce qui prime, la parole de l'Évangile ou celle du pape.

Prendre la seconde pour la première, n'est-ce pas le commencement du fanatisme?

Est fanatique celui qui est sûr de posséder la vérité. Il est définitivement enfermé dans cette certitude ; il ne peut donc plus participer aux échanges ; il perd l'essentiel de sa personne. Il n'est plus qu'un objet prêt à être manipulé. C'est là le péché fondamental des religions : faire des adeptes qui ne posent plus de questions. L'attitude scientifique est exactement à l'opposé.

Dans la mesure où elle refuse la croyance ?

Je n'arrive plus à comprendre la nécessité de « croire ». La réponse à l'angoisse existentielle peut être trouvée non dans une foi, mais dans une adhésion. Personnellement, j'adhère avec enthousiasme au projet de société proposé il y a deux mille ans par un homme nommé Jésus. Que cet homme ait été ou non le « Fils de Dieu » me paraît sans importance. Je respecte l'attitude de ceux qui ont cette conviction, mais je ne vois pas au nom de quoi je la partagerais.

La démarche scientifique n'utilise pas le verbe croire ; la science se contente de proposer des modèles explicatifs provisoires de la réalité ; et elle est prête à les modifier dès qu'une information nouvelle apporte une contradiction. Pourquoi les religions n'en feraient-elles pas autant ?

Peut-être parce qu'elles cesseraient alors d'être des religions... Et puis, comme disait Dostoïevski, « si Dieu n'existe pas, tout est permis ». N'est-ce pas là le risque de la disparition des croyances ? L'alcoolisme, la drogue, la prostitution ne prolifèrent-elles pas dans des sociétés d'où la croyance a brusquement disparu ?

Je suis heurté par cette affirmation de Dostoïevski. Tout n'est pas permis, car l'Homme existe et il est responsable de son devenir. Dieu n'a pas à intervenir dans le déroulement de l'histoire humaine. Ce serait supprimer la liberté, donc la raison d'être de cette espèce étrange qu'est l'humanité. Les maux que vous évoquez (drogue, prostitution...) ne sont pas l'apanage des sociétés sans Dieu. Les religions se sont fort bien accommodées de toutes ces tares sociales.

Que voulez-vous dire ?

Une religion est une structure sociale qui contribue à l'évolution de la communauté. Elle peut le faire dans le sens d'une libération ou au contraire d'un enfermement. L'histoire de l'Église catholique romaine montre que la même Église peut, selon les périodes, passer d'une attitude à l'autre. Et aujourd'hui, je l'avoue, j'ai très peur que les religions ne soient à nouveau utilisées, avec plus ou moins de connivence entre elles, pour justifier des affrontements dont la véritable cause sera le désir de domination. Les religions devraient solennellement proclamer que toute guerre en leur nom constitue véritablement un blasphème.

Je me demande si une bonne façon de faire que les religions cessent justement d'être les instruments de l'intolérance ne serait pas d'enseigner à l'école les grands textes religieux.

L'histoire des religions fait partie de l'histoire des hommes. À ce titre, il est évidemment nécessaire de l'enseigner. Les textes considérés comme sacrés par les diverses religions sont pour la plupart des chefs-d'œuvre qui appartiennent au trésor collectif des cultures. Il serait bon pour tous que chacun soit mieux informé de ce que contient la religion de l'autre. Le destin des peuples méditerranéens serait certainement changé si la Bible, les Évangiles et le Coran étaient mieux connus de tous. Cet effort d'ouverture pourrait être l'une des premières tâches d'une Communauté méditerranéenne dont la mise en place est urgente.

La seule précaution à prendre serait d'éviter tout prosélytisme. Il ne s'agit pas de convaincre, mais d'informer.

Autrement dit, vous êtes partisan d'un enseignement des textes religieux, mais dans le cadre strict d'une société laïque.

Une société est laïque lorsqu'elle permet à tous d'adhérer aux diverses croyances, avec comme seule restriction le respect des autres. Cette laïcité est la base même de la vie en commun. À l'entrée de la Cité des Hommes, on devrait inscrire : « Que nul n'entre ici s'il n'est respecteux des autres. »

Vous ne « croyez » pas, mais vous respectez les croyances religieuses ; vous enseignez, par l'exemple, une morale du respect et de la fraternité qui est dans le droit fil de l'éthique chrétienne. Si le mot n'était pas dévalorisé, je dirais que vous êtes un « compagnon de route » du christianisme !

Le croyant, s'il est chrétien, regarde comme une vérité évidente l'affirmation que Jésus est le Fils de Dieu ; s'il est musulman, l'affirmation que le Coran a été dicté par Dieu à Mahomet. Ces affirmations ne peuvent évidemment pas faire l'objet d'une preuve. Personnellement, je ne vois pas pourquoi je les accepterais comme vraies ; je ne suis donc pas « croyant ». Pour autant je ne peux prétendre qu'elles sont fausses ; je ne suis donc nullement « athée ». Je suis, comme beaucoup, agnostique, c'est-à-dire conscient de mon incapacité à dire quoi que ce soit à propos de ce qu'il est convenu de désigner par le mot Dieu.

Cette foi que je ne partage pas, je la respecte infiniment chez ceux qui la proclament, car elle est présente au plus intime de leur personne. Ce n'est pas à moi à semer le doute en eux. J'ai, en revanche, à confronter les conséquences qu'ils tirent de leur foi pour leur comportement avec celles que je tire de mes propres convictions. Or, bien souvent, il y a convergence. Ainsi, l'Évangile propose une attitude vis-à-vis du « prochain » qui me semble exactement celle que devrait adopter tout homme lucide. Que Jésus soit ou non Fils de Dieu, j'adhère au programme qu'il propose. Peu importe que cette adhésion soit le fruit d'une foi.

La foi n'est-elle pas, dans les moments de lassitude, de découragement, un moteur permettant de poursuivre l'œuvre entamée ?

Certes, la foi religieuse peut jouer ce rôle. Mais elle n'est pas le seul moteur. Le sentiment d'appartenir à une communauté humaine dont le sort dépend de chacun fait prendre conscience d'une responsabilité personnelle. C'est au nom de cette responsabilité que nous pouvons trouver en nous les ressources nécessaires pour surmonter les « passages à vide ».

La religion ne sensibilise-t-elle pas au beau et au bien ?

De fait, au cours de l'histoire, les morales ont été proposées, et imposées, par les religions ; la plupart des œuvres d'art ont été inspirées par des thèmes religieux. Mais l'on ne peut y voir un rapport de cause à effet. C'est la même angoisse devant notre destin, la même nécessité de mettre en place un mode de vie collectif, qui ont simultanément conduit les hommes à imaginer des dieux, à penser Dieu, à élaborer une éthique, à créer des objets plus beaux encore que ceux présentés par la nature. Le beau, le bien, la religion sont liés non parce que cette dernière est la source des deux premiers, mais parce qu'ils ont tous trois la même source : la conscience de la mort, le besoin de devenir coauteur de notre univers.

Que dire à des jeunes, ouverts et sincères, qui pratiquent leur religion ?

Tu es dans la phase de ta vie où la construction de ta personne te met face à des choix décisifs, t'oblige à répondre à des questions souvent mal formulées. L'appartenance à une communauté soudée comme le sont les Églises peut t'apporter une aide précieuse, te fournir les moyens de t'orienter, de réfléchir, d'éviter certaines impasses ; mais en même temps elle risque de restreindre ton horizon.

À propos de ces aspects contradictoires, on peut évoquer les deux chemins suivis par les espèces vivantes à partir des ancêtres lointains qu'étaient les mollusques. Pour mieux affronter le milieu, les animaux ont dû se doter d'une armature. Certaines espèces ont adopté la formule du squelette à l'intérieur des tissus, d'autres la formule de la carapace entourant la totalité des tissus. La seconde est, apparemment, plus efficace puisque la protection est totale, alors que la première laisse les organes exposés. Mais cette protection se paie de l'impossibilité de se transformer, de s'adapter. Ce sont finalement les espèces qui semblaient les moins bien protégées qui ont connu l'évolution la plus créatrice.

Si une religion te fournit une ossature permettant de devenir celui que tu choisis d'être, elle est un bienfait, elle contribuera à ton envol; si elle t'enferme dans des certitudes, elle risque de te ligoter. Attention à ne pas être la victime consentante d'une secte.

Sagesse
(ou philosophie)

> « La pensée ne se constitue que dans ce rapport où elle risque toujours de sombrer. »
>
> GILLES DELEUZE
> FÉLIX GUATTARI

Dans une émission de télévision (« Le Cercle de minuit » du 25 octobre 1995), Laure Adler rappelait le mot de Vladimir Jankélévitch à propos de la philosophie : « On en fait sans le savoir » ; ce qui sous-entend que tout le monde fait de la philosophie ; pourtant, tous les philosophes présents sur le plateau n'étaient pas d'accord.

Toute définition est arbitraire, notamment lorsqu'il s'agit de définir les activités humaines, de les classer et de tracer des frontières entre elles. Cela est particulièrement évident pour les activités intellectuelles ; dans le domaine scientifique, les différentes disciplines sont définies par leur objet de recherche, ainsi la géologie, la démographie, l'astronomie ; ce qui n'empêche pas de multiples querelles à propos des domaines communs. Si l'on en croit le dictionnaire, philosopher c'est recourir à la raison. Avec une telle définition, la plupart des activités intellectuelles sont par nature philosophiques. Ce qui donne raison à Jankélévitch. Cela revient à admettre que la philosophie recouvre un domaine si large que ses limites ne peuvent être précisées. Pourquoi pas ? De toute façon, la question me semble assez dérisoire. L'important est d'inciter chacun à utiliser sa capacité de raisonnement chaque fois qu'il s'efforce de se forger une opinion et de l'argumenter. Que, ce faisant, il soit ou non en train de philosopher ne peut être l'objet que d'insignifiantes querelles.

En revanche, ce qui me paraît important, c'est que cet exercice de l'esprit ne devienne pas le domaine réservé de quelques privilégiés. Réserver la philosophie à ceux qui se disent philosophes serait aussi ridicule que d'interdire de faire la cuisine à ceux qui ne sont pas des cuisiniers professionnels.

En fait, certains esprits ont apporté des réflexions si enrichissantes pour tous que le titre de « philosophe » leur est volontiers attribué, mais souvent eux-mêmes ne l'auraient pas revendiqué. Il serait de bonne méthode de distinguer les « créateurs de philosophie », qui ont proposé des concepts ou des analyses inédites, des « consommateurs de philosophie », qui nourrissent leur intelligence au contact des premiers. L'objet de l'enseignement devrait être de susciter le goût pour la réflexion personnelle plus que de ratiociner, avec parfois une certaine cuistrerie, sur les théories des multiples écoles philosophiques.

La raison est, chez tout le monde, un outil précieux. C'est grâce à elle que nous pouvons passer d'une question spontanée mal formulée (Pourquoi le Soleil tourne-t-il autour de la Terre ?) à une question pouvant avoir une réponse (Comment expliquer le mouvement de la Terre autour du Soleil ?). Assaisonnée d'un peu d'imagination, cette même raison permet de trouver des réponses. Si celles-ci sont des vérités définitives, la philosophie, en effet, disparaît; mais le plus souvent elles débouchent sur de nouvelles questions; elles contribuent alors à élargir le champ d'activité du philosophe.

Comment expliquez-vous l'engouement pour la philosophie aujourd'hui ? Est-ce le fait de la « crise » ?

Notre société ne vit nullement une « crise »; elle vit une mutation. Il est exclu qu'elle revienne à un état voisin de son état passé. Pour nous rassurer, les hommes politiques évoquent la fin de la crise comme la fin d'un épisode. En réalité, les changements que nous vivons sont définitifs. La période actuelle est authentiquement « révolutionnaire ». Chacun le sent confusément et cherche un support auquel se raccrocher ; pour quelques-uns, hélas, ce support est une secte apportant une vérité absolue ; pour d'autres, assumant véritablement leur sort de personne humaine, il est la recherche d'un projet à long terme, c'est-à-dire d'une utopie réalisable.

On ne peut aujourd'hui, si l'on est conscient de cette mutation, éviter la question de toujours : Quel objectif donner à ma vie ? Il est réconfortant de constater que, avant d'échafauder une réponse, nos contemporains s'adressent à ceux qui ont su utiliser leur raison.

À cet égard, philosophes et savants sont sur un pied d'égalité. Le savant n'élabore-t-il pas lui aussi des concepts ?

Notre siècle a été celui de la plus profonde « renaissance ». Presque tous les concepts qui nous servent à décrire l'univers ont été redéfinis (espace, matière, temps, déterminisme...), ce qui oblige à repenser ceux qui décrivent les rapports entre les hommes (vie, liberté, hiérarchie...). Cette élaboration de nouveaux concepts a été l'œuvre de chercheurs qui, le plus souvent, appartenaient au monde des scientifiques mais qui, simultanément, se conduisaient en philosophes. Ainsi, la remise en cause de l'indépendance de l'espace et du temps par Einstein a été rendue nécessaire par le constat d'un fait : la lumière se propage à vitesse constante quel que soit le repère où on la mesure. Michelson et Morley, dont l'expérience à ce sujet a été décisive, ont borné leur réflexion à cette observation ; Einstein, lui, a su aller plus loin en proposant une explication, il s'est alors conduit en philosophe. Mais cette distinction, nous l'avons vu à la première question, est assez dérisoire.

Comment mettre (et le faut-il) à la portée de tous ces diffé-rents concepts ?

Au départ, ces changements de concepts sont diffi-cilement admis et nécessitent des efforts considérables pour être introduits dans nos réflexions. Mais s'ils sont proposés aux plus jeunes, pas encore sclérosés par des habitudes mentales, ils sont facilement intégrés dans leur vision du monde réel. Il est donc nécessaire de les intro-duire le plus vite possible dans l'enseignement. Être en retard d'une révolution conceptuelle est plus dramatique que d'être en retard d'une guerre.

L'attitude dite « philosophique » consiste-t-elle d'abord à « dire non », à se méfier de l'opinion, du préjugé, de la croyance ?

Toute remise en question commence par un « non ». Il faut oser imaginer que l'opinion admise apparemment par tous n'est pas fondée. Ce « non » initial peut déboucher sur le constat que cette opinion courante est effective-ment la bonne ; cela est notamment le cas lorsqu'il s'agit de conjectures mathématiques plus ou moins douteuses qui, un jour, sont démontrées ; elles deviennent alors des théorèmes (ainsi le célèbre théorème de Fermat). Il peut aussi aboutir à une nouvelle formulation opposée à la précédente (ainsi une affirmation du même Fermat sur des nombres présentés comme « premiers » et qui ne le sont pas).

En fait, ce « non » doit être compris non comme l'affir-mation du contraire mais comme un point d'interroga-tion. L'important est de débusquer ce qui, dans l'opinion admise, ne repose que sur des croyances et non sur des preuves.

Cela aurait plu à Voltaire, qui écrivait : « Plus les hommes seront éclairés, plus ils seront libres. » En quoi cela est-il vrai pour les peuples en général ? En quoi cela peut-il également s'appliquer aux élèves, et pas seulement aux « bons élèves » ?

Certains tenants de l'aristocratie de l'esprit pensent qu'il faut renoncer à enseigner la philosophie aux élèves des terminales technologiques!

Qu'est-ce que devenir un membre à part entière de l'espèce humaine? Tout dépend de la réponse à cette question. S'il suffit de devenir un producteur-consommateur inséré dans une société au sein de laquelle chacun joue le rôle qui lui est attribué sans trop se faire remarquer, alors le concept même de liberté est dépourvu de sens. Il suffit de fournir à chaque individu les informations nécessaires pour ce rôle. Sa vision est étroitement limitée par les œillères de l'ignorance, et il trace son sillon sans état d'âme. C'est l'idéal décrit par Aldous Huxley pour les «epsilons» contents de l'être, c'est l'idéal aussi des armées qui fondent leur force sur la discipline la plus aveugle possible.

Mais une autre réponse peut être préférée. Appartenir à l'espèce humaine, c'est être dépositaire du trésor de questions, de réponses, d'angoisses, de projets peu à peu accumulé par ceux qui nous ont précédés. C'est participer au cheminement de la communauté humaine vers une structure permettant à chacun de «se savoir beau dans le regard des autres». L'objectif de toute communauté est alors de faciliter cette construction de chacun par lui-même grâce aux autres. Cet objectif est avant tout celui du système éducatif. Chaque élève a droit aux apports de savoir et de réflexion qui l'aideront dans ce qui est la tâche de toute une vie : devenir celui que l'on choisit d'être.

Refuser à certains, sous prétexte qu'ils sont catalogués «mauvais élèves» ou «faits pour le travail manuel», l'accès à un exercice intellectuel aussi fondamental que la philosophie, c'est accepter le découpage de l'humanité en catégories hiérarchisées, c'est-à-dire accepter la barbarie.

Cette même barbarie qui condamnait à mort Socrate, coupable de « corrompre la jeunesse » !

« Corrompre la jeunesse », c'était en réalité, de la part de Socrate, apprendre aux jeunes qu'ils n'ont pas à entrer dans une société toute faite mais à en construire une. Cela est particulièrement vrai aujourd'hui où la « société toute faite » n'offre de place qu'à une petite minorité. Il est clair qu'elle est inacceptable. Ce n'est pas corrompre mais éclairer les jeunes que de le leur dire.

Socrate mérite, il me semble, un reproche. Il n'aurait pas dû se soumettre à une décision inique et boire la ciguë ; il pouvait se réfugier dans une cité voisine et poursuivre son œuvre de lucidité. Ce n'aurait pas été fuir son destin, mais continuer à l'accomplir.

Socrate est resté dans l'histoire comme le modèle de la sagesse. Philosopher, c'est apprendre à vivre, à mourir. Comte-Sponville dit : « On ne philosophe pas pour passer le temps. On philosophe pour sauver sa peau et son âme. » Dans le même ordre d'idées : sans la philosophie, « le monde n'aurait pas d'âme, il serait une statue muette », disait Jankélévitch.

Avec la conception de la philosophie que nous avons admise, philosopher c'est vivre. Car vivre, pour un être humain, ce n'est pas seulement laisser agir les métabolismes que déroule notre organisme, c'est profiter de la conscience que nous avons d'être pour devenir une personne.

Sans la présence de notre espèce, notre planète aurait certes été témoin de la naissance de la « vie », mais cette vie ne mérite guère d'émerveillement ; elle n'est que le résultat du processus permanent apportant toujours plus de complexité. Les hommes ont poursuivi ce processus dans une direction nouvelle en imaginant un demain sur lequel ils ont prise.

Méditer ou agir ? Doit-on choisir ?

Il ne faut certainement pas choisir, mais joindre la méditation à l'action et réciproquement. La méditation nous permet de définir un objectif ; l'action nous permet de nous en approcher, ou même parfois de l'atteindre. Selon les circonstances, il peut être nécessaire de privilégier l'une ou l'autre, mais on ne peut se passer durablement d'aucune. Il est fort dangereux de spécialiser les uns dans l'action, les autres dans la méditation, comme si nous étions prédestinés à l'un ou à l'autre. Plus nous sentons le besoin d'agir, plus nous devons nous efforcer à la réflexion. Plus nous sommes tentés par le confort de la méditation, plus nous devons nous lancer dans l'action.

Selon Kant, les quatre questions de la philosophie étaient les suivantes : Que puis-je savoir ? Que dois-je faire ? Que m'est-il permis d'espérer ? Qu'est-ce que l'homme ?

Selon Albert Jacquard, quelles sont aujourd'hui les questions de la philosophie ?

Une seule des questions de Kant me paraît d'actualité : Que dois-je faire ? Car aujourd'hui nous pouvons presque tout faire, en bien comme en mal. Mais qui tranchera entre le bien et le mal ? L'urgence est de définir, au moins pour le siècle qui vient, l'objectif de la communauté humaine. Ce ne doit pas être l'œuvre de quelques personnes supposées plus sensées ou mieux informées, mais l'œuvre de tous. Il nous faut mettre en place ce que j'ai appelé plus haut une « démocratie de l'éthique ».

Bertrand Russell* écrivait en 1912 dans Problèmes de philosophie *: « La contemplation philosophique [...] fait de nous des citoyens de l'univers et non pas seulement des citoyens d'une ville forteresse en guerre avec le reste du monde. » Vous souscrivez sans doute à cette idée... ?*

Dans ce texte de Russell, je comprends sa fascination devant le mystère de l'homme, seul être sécrété par l'univers et capable de regarder l'univers comme s'il lui était extérieur. La science d'aujourd'hui, en faisant se rejoindre l'astrophysique et la physique des particules, nous a montré combien l'univers est une cité unique où tout est interdépendant. Nous participons à cette interdépen-

dance ; nous ne pouvons nous soustraire à cette citoyen-
neté. Cette cité, l'univers, comportant, par définition, la
totalité de ce qui existe, ne peut être en guerre contre
personne, car il n'y a pas de « reste du monde ».

Nous sommes citoyens de l'univers. Mais notre imagination a bien du mal à nous situer dans cette immense
cité. Il est pratique de restreindre notre regard au quartier
que nous habitons, la Terre ; aux pâtés de maisons dont
la nôtre fait partie, l'Europe et la Méditerranée ; à notre
appartement, la France ; à notre petite chambre, notre
province. Sentir nos appartenances emboîtées nous
permet de faire, pour chacun de ces lieux qui sont les
nôtres, des projets compatibles avec les projets des autres
humains.

Technique

« Opposer à la réaction
en chaîne des neutrons
la réaction en chaîne
de la lucidité. »
ALBERT EINSTEIN

La technique a pris de nos jours une place si grande qu'on la confond souvent avec la science. Mais plusieurs philosophes, Aristote en tête, ont fait d'elle une activité beaucoup plus fondamentale que la science, en ce qu'elle serait inséparable de l'espèce humaine. Êtes-vous de cet avis ?

L'attitude « technique » consiste à utiliser un outil, c'est-à-dire un moyen de transformer certains éléments de la réalité qui nous entoure. L'homme n'est pas le seul animal à avoir recours à de tels outils. Certains oiseaux utilisent une fine brindille pour aller chercher une larve au fond d'une cavité ; les primates prennent une branche pour attraper un fruit éloigné. Mais aucun n'est capable de se préparer une collection d'outils divers prêts à l'emploi. Un chimpanzé, par exemple, après avoir atteint le fruit grâce à une branche recourbée, jette celle-ci et l'oublie ; tout se passe comme s'il était incapable d'imaginer que cette branche pourrait lui rendre service plus tard ; en fait, il ne peut penser à demain.

La capacité des hommes à se doter d'outils, à développer une technique, est donc directement liée à leur capacité à prendre en compte l'avenir. C'est une des définitions de l'homme : l'espèce qui sait qu'il y aura un demain alors que les autres ne connaissent que le passé et le présent.

Comment cela a-t-il commencé? Et quand? Qui est l'Homo faber?

Cela a commencé, semble-t-il, il y a plusieurs millions d'années avec l'utilisation de galets tranchants permettant de dépecer les cadavres d'animaux et de briser leurs os pour atteindre la moelle et s'en nourrir. Cet usage des galets devient véritablement une « technique » lorsque les hommes ne se contentent pas de ceux qu'ils trouvent mais les tapent l'un contre l'autre pour obtenir une arête plus tranchante. Cette activité suppose une véritable projection vers l'avenir. L'activité de l'instant est justifiée par un besoin futur. C'est lorsque le premier galet a été façonné que Homo a commencé à devenir *faber*.

Beaucoup plus tard, il y a sans doute quatre ou cinq cent mille ans, il a apprivoisé le feu et transformé cet ennemi redouté de tous les animaux en un allié. Grâce au feu, il a pu développer peu à peu une véritable industrie.

L'objectif de toute technique est donc clair : c'est l'efficacité; il s'agit d'obtenir un bien utile que la nature ne fournit pas. Ainsi, les techniques liées au feu ont permis de rendre comestibles par la cuisson des viandes immangeables crues; elles lui ont permis de se mettre à l'abri des prédateurs en les menaçant de la flamme; plus tard, le feu lui a fourni non seulement la chaleur et la protection mais la possibilité de transformer du minerai en métal. Le rêve de Prométhée* s'est peu à peu concrétisé.

Vous voulez dire en libérant l'homme?

Plus faible que la plupart des prédateurs qui l'entourent, l'homme s'est donné à lui-même, grâce à ce développement technique, la force qu'il n'avait pas reçue de la nature. Au lieu d'être soumis aux contraintes de l'environnement, il a été capable de les transformer. Au milieu des glaces il reconstitue dans un igloo l'atmosphère tropicale chaude et humide. Il s'est débarrassé des contraintes de la nature ; il s'est véritablement libéré.

Aujourd'hui, cette transformation de l'environnement est telle que l'homme peut être regardé comme un cocréateur de la partie de l'univers qui lui est proche. Songeons que, par exemple, nous avons éliminé un de nos pires ennemis, le virus de la variole. Oui, la technique est libérante, elle fait de nous des êtres responsables d'eux-mêmes.

C'est vrai, mais le contraire est vrai aussi. Elle l'asservit.

L'ouvrier obligé de faire des gestes répétitifs au service d'une machine qui lui impose un rythme peut estimer en effet, et à bon droit, que la technique l'asservit. Mais ce n'est pas la technique qui le rend esclave ; c'est l'usage qui en est fait par une société qui méprise les personnes.

Le progrès technique est-il irréversible ?

Une fois un tour de main mis au point et appris par de nombreux hommes, il est définitivement intégré dans la collection des savoir-faire. Le progrès technique est donc irréversible. Mais il n'est pas pour autant fatal. Le passage d'une technique à une autre résulte d'une volonté humaine et non d'une soumission à une fatalité. Les Chinois, dit-on, avaient inventé la poudre, mais ils n'ont pas inventé le canon, simplement les feux d'artifice.

Le progrès technique ne devrait-il pas servir le progrès moral ?

Le progrès technique, en libérant les hommes de certaines contraintes, devrait leur apporter de plus en plus de temps libre, donc de temps consacré aux échanges, aux recherches personnelles, au respect des règles de vie en commun. Il pourrait faciliter le « progrès moral ». Mais ce n'est pas une conséquence automatique. Les sociétés

occidentales actuelles ont mis le progrès technique au
service de la réussite économique, ce qui est un choix. Le
résultat est un évident recul moral.

L'un des signes de ce recul moral n'est-il pas l'uniformisa-
tion? Des genres de vie, des individus, des sociétés.

Une des conséquences des avancées technologiques de
ce siècle est la diffusion instantanée des informations,
rapide des produits. Tous les hommes sont informés des
mêmes événements et accèdent aux mêmes objets fabriqués. Or ces événements ne sont pas toujours les plus
importants, ni ces objets les plus utiles. Réseaux de communication et commerce sont devenus les acteurs d'une
vaste entreprise d'uniformisation. Ce résultat n'était pas
fatal. Il est la conséquence de l'acceptation par la société
dominante, la société occidentale, d'un mécanisme économique basé sur la compétition. Il faut d'urgence faire
preuve d'imagination pour mettre ces moyens techniques
au service du maintien de la diversité.

Il faut le redire : la « marchandisation » de toute richesse
est le ver dans le fruit pour l'humanité d'aujourd'hui. Une
réaction heureusement se manifeste, notamment chez les
jeunes. Ils parlent plus volontiers du bonheur que de la
réussite professionnelle.

Quels sont, selon vous, les dangers les plus grands et les
plus imminents : la destruction de l'environnement? la média-
tisation (téléviseur, ordinateur, Minitel, etc.)? le nucléaire? le
« bricolage » génétique? l'eugénisme? la procréation assistée?

Tous les dangers que vous évoquez sont graves ; il est
impossible de dire quel est le plus imminent. Un conflit
nucléaire peut éclater demain et faire disparaître en
quelques jours l'humanité entière. Le non-respect de l'environnement peut rendre la planète invivable en l'espace
de quelques siècles ou quelques décennies. La multipli-
cation des moyens de communication indirecte peut
aboutir en une génération à la disparition du goût pour

l'échange d'individu à individu. Les manipulations génétiques peuvent aboutir à une humanité « normalisée »,
donc ayant perdu son véritable moteur, la diversité des
hommes.

Face à ces dangers, il est plus nécessaire que jamais de
choisir un objectif pour l'avenir de l'humanité. Ce choix
devra être fait collectivement, d'où la nécessité de la
démocratie de l'éthique.

Nous venons de vivre, au cours des dernières décennies, un changement radical de notre attitude face à la
technique. Pour le philosophe Francis Bacon (xviie siècle),
le but de la technique était de réaliser tout ce qui était possible. Pour Albert Einstein, au contraire, « il y a des choses
qu'il vaudrait mieux ne pas faire », cri poussé le soir
d'Hiroshima. Il s'agit de ne plus considérer les avancées
techniques comme constituant automatiquement des
progrès. Avant tout, il faut choisir l'usage que nous en
faisons.

*L'un des progrès récents les plus spectaculaires, c'est
l'invention des ordinateurs. On dit souvent qu'ils sont maintenant « intelligents ». Qu'en pensez-vous ?*

Il faut, pour répondre à cette question, se mettre d'accord sur une définition de l'intelligence. Pour moi, ce
n'est pas seulement la capacité à comprendre, mémoriser,
déduire logiquement, mais aussi à éprouver des émotions, à imaginer l'avenir avec espoir ou avec angoisse, à
se savoir être. Cela, aucun robot ne sait le faire. On peut
apprendre à un ordinateur à dire : « Je t'aime », mais on
ne peut pas lui apprendre à aimer.

*Nous vivons dans une société paradoxale, qui fait une place
immense à la technique mais qui dévalorise les techniciens.
Existe-t-il selon vous une véritable culture technique ?*

Je déteste la classification stupide entre manuels et
intellectuels. C'est avec son corps entier que l'on pense ;
avec son cerveau que l'on se sert habilement de ses

mains. Pour accéder à une pensée personnelle, mille chemins sont possibles. Pour réfléchir à la condition humaine, les uns se plongeront dans les *Essais* de Montaigne, d'autres feront de longues marches dans la montagne, d'autres transformeront sur un tour ou une fraiseuse une pièce de métal. Je n'aime guère le terme de « culture technique » qui semble réducteur. Constatons que les premiers balbutiements culturels de nos lointains ancêtres ont consisté à inventer des outils.

Vous serez donc d'accord avec Aristote : « Ce n'est pas parce qu'il a des mains que l'homme est le plus intelligent des êtres, mais c'est parce qu'il est le plus intelligent qu'il a des mains. »

Sans le savoir, j'ai paraphrasé Aristote dans mes réponses précédentes. Nos mains ne sont capables de prouesses que grâce à l'intelligence qui les gouverne.

Certains disent même que c'est une invention technique, plus que des considérations morales, qui a fait disparaître l'esclavage — la force motrice remplaçant les « nègres ».

L'esclavage est la solution la plus simple au problème posé par la réalisation d'objets exigeant beaucoup de travail. Les civilisations d'autrefois auraient pu s'en passer ; mais elles n'auraient pu construire les pyramides — ce qui n'aurait pas été nécessairement une catastrophe humaine. La suppression de l'esclavage a été facilitée par la disposition d'une énergie fournie par la nature ; mais pour libérer les « nègres », il a fallu aussi une volonté soustendue par une certaine conception de la personne humaine.

En somme, si je vous comprends bien, vous refusez de séparer la technique de la culture, comme vous refusez finalement de la séparer de la science.

La compréhension des phénomènes qui se produisent autour de nous est nécessaire à toute avancée technique.

Les avancées techniques permettent des expériences qui font progresser cette compréhension. Science et technique s'épaulent l'une l'autre ; elles ne sont pas subordonnées l'une à l'autre, mais avancent chacune grâce à l'autre. Autrefois, un même chercheur pouvait à la fois réfléchir aux concepts et réaliser les expériences permettant de contrôler la validité de ces concepts. Ainsi Pascal, capable de penser à la nature de la pression atmosphérique et de faire l'ascension de la tour Saint-Jacques et du Puy-de-Dôme avec son matériel. Aujourd'hui, la complexité des problèmes posés et celle des matériels mis en œuvre sont telles que la plupart des recherches sont menées par des équipes au sein desquelles chacun se spécialise. Mais il est fallacieux de tracer une frontière entre ceux qui savent régler les machines et ceux qui proposent de nouvelles expériences.

Et quant au lien de la technique et de l'art ?

Un peintre, un sculpteur sont des techniciens très spécialisés. Michel-Ange se considérait comme un technicien ; Léonard de Vinci était aussi passionné par l'invention de nouvelles machines que par le portrait de la Joconde. Cette activité devient art lorsqu'elle s'efforce de créer, et surtout lorsque intervient le sentiment du beau.

On ne peut dire d'une œuvre d'art qu'elle soit inutile ; certes elle n'apporte rien qui réponde aux besoins matériels de l'organisme ; mais elle est un moyen de communication entre celui qui la crée et celui qui l'admire ; elle répond donc au besoin humain le plus spécifique : mettre en commun.

Théorie
et expérience

« C'est en terme d'obstacle
qu'il faut poser le problème
de la connaissance
scientifique. »

Gaston BACHELARD

Doit-on opposer théorie et expérience comme on oppose-
rait l'abstrait et le concret? Cette opposition résiste-t-elle à
l'examen?

Théorie et expérience sont deux phases alternées d'un
même cheminement qui résulte de notre désir — peut-
être est-ce le propre de l'homme — de comprendre le
monde qui nous entoure et dont nous faisons partie. Le
point de départ est un constat : tel événement se produit ; par exemple, régulièrement une boule brillante
s'élève dans le ciel avant de redescendre. Puis vient
l'interrogation : Cette boule est-elle aujourd'hui la même
qu'hier ? La réponse est arbitraire ; on peut admettre
qu'elle est chaque fois nouvelle, cela conduit à une
théorie qui n'est pas absurde : une puissance inconnue,
un dieu peut-être, forge durant la nuit cette boule et la
lance chaque matin dans le ciel. La réponse est si satisfaisante que l'interrogation s'arrête là. On peut aussi
admettre, autre théorie, que cette boule est toujours la
même, il faut alors trouver la réponse à de nouvelles questions : Où se cache-t-elle durant la nuit ? Pourquoi revient-

elle chaque matin ? Pourquoi son parcours évolue-t-il au cours de l'année ? La théorie estimée la meilleure est celle qui permet de répondre au plus grand nombre de questions, qui explique donc le plus grand nombre de faits d'expérience.

Ces faits sont perçus, analysés différemment à mesure que la théorie évolue. Car, et c'est le point essentiel, nous ne voyons pas le monde avec nos yeux, nous le voyons avec nos concepts. Nos yeux reçoivent des photons[1] plus ou moins chargés d'énergie, c'est notre cerveau qui, à partir de cette perception, invente le concept de soleil. C'est lui qui, contre l'évidence, fait de ce soleil une étoile parmi d'autres, alors que son apparence est si différente. Il n'y a pas de fait d'observation en soi, il n'y a qu'un constat résultant du jeu entrelacé de nos sens et de notre réflexion, de l'expérience et de la théorie.

Vous donneriez alors raison à Descartes[2], contre l'empirisme, dans sa fameuse analyse du morceau de cire : quand la cire que je vois, que je sens, a fondu et qu'elle s'est transformée en une substance qui n'a ni la couleur, ni la forme, ni l'odeur de la première, pour savoir que c'est de la cire, et la même cire, il me faut la « concevoir » ; la « voir » ne suffit pas. Pourquoi l'expérience ne suffit-elle pas ?

Il est clair que la cire fondue n'est pas la même « chose » que la cire dure. Que voulons-nous dire en affirmant que c'est la même cire ? Que les constituants de ces deux choses sont identiques. Ce qui a changé est l'ensemble des interactions entre ces constituants. Ces notions de constituants et d'interactions sont des notions que nous procure la théorie, par exemple la théorie atomique. Appeler « cire » des objets aussi dissemblables que la cire solide et

---

1. Photon : quanton (objet dont traite la physique quantique manifestant soit le comportement corpusculaire, soit un comportement ondulatoire) spécifique de la lumière, véhicule des interactions électromagnétiques.
2. Descartes, *Méditations métaphysiques* (deuxième méditation).

la cire liquide résulte d'une activité mentale consistant à négliger ce qui les différencie et à privilégier ce que, par notre capacité d'abstraction, nous leur connaissons de commun.

Connaissance qui est, selon le mot de Paul Claudel, une « co-naissance ». C'est une naissance. À la fois ma naissance au monde, dans lequel je m'incorpore à mesure que je le comprends, et la naissance en moi d'un monde métaphorique de l'inaccessible réalité, un modèle, comme nous disons aujourd'hui. Ces deux naissances sont l'aboutissement d'un travail de la raison à partir des données fournies par nos sens.

C'est ainsi que nous forgeons des idées. Nous confrontons les conséquences de ces idées avec les informations que l'univers veut bien nous donner sur lui-même, et nous constatons une étrange cohérence. « Le miracle, c'est qu'il n'y ait pas constamment des miracles », « Ce qui est incompréhensible, c'est que l'univers soit compréhensible », ont dit Poincaré et Einstein. Oui, l'ajustement entre notre logique et les phénomènes naturels semble presque trop parfait; mais ce n'est peut-être que provisoire, ou le résultat d'une tautologie.

La raison ne peut-elle voir que ce qu'elle produit elle-même ? Le réel ne résiste-t-il pas ?

La raison s'empare de ce que les sens lui apportent pour échafauder une théorie, c'est-à-dire une explication globale de faits apparemment sans lien. La chute d'une pomme est un fait; le mouvement de la Terre autour du Soleil est une théorie devenue un fait par l'accumulation des preuves en sa faveur. La raison s'empare de cet ensemble pour proposer une explication valable aussi bien pour la pomme que pour les planètes : la gravitation universelle.

Il vient un jour où un fait supplémentaire (le mouvement du grand axe de la trajectoire de Mercure) met la théorie globale en défaut. Cette résistance du réel est la source d'une explication globale nouvelle, la « relativité générale ».

Qu'est-ce qui distingue un fait « brut » d'un fait scientifique ? La Terre tournait autour du Soleil bien avant que Copernic ne l'affirme, ce fait existait donc avant qu'on ne le maîtrise ?

Un fait ne reste « brut » que lorsqu'il n'est pas entré dans la conscience d'un homme. Dès qu'il est l'occasion d'une réflexion humaine, il devient l'objet d'une manipulation qui, si elle se conforme à certaines règles, peut être qualifiée de « scientifique ».

Quelles règles ?

Un concept est scientifique s'il peut être correctement défini et relié aux concepts définis antérieurement. Ainsi, la « force » est un concept scientifique relié aux concepts de masse et d'accélération ; en revanche, les concepts d'intelligence ou de beauté ne sont pas scientifiques.

Une hypothèse est la proposition d'un lien entre des concepts ; elle contribue à l'élaboration d'une théorie. Celle-ci est scientifique si elle se prête à la confrontation avec les faits.

C'est-à-dire, si elle permet de les prévoir ; ce qui suppose que la nature obéit à des lois.

L'habitude a été prise de présenter comme une « loi » le lien entre divers paramètres exprimé par une formule mathématique. L'exemple le plus classique est celui de la loi de Newton* liant la force d'attraction qui se manifeste entre deux corps à leurs masses et à leur distance. De même les lois de Mendel précisent les fréquences des divers génotypes[3] dans la descendance d'un couple, et la loi de Hardy-Weinberg le lien entre les fréquences des génotypes et les fréquences des gènes dans une population.

---

3. Ensemble du matériel génétique porté par un individu et représentant sa formule héréditaire, fixée à la fécondation.

Ce terme « loi » fait référence à une attitude juridique et donne l'impression que les objets sont soumis à une décision arbitraire de la nature ; la formule mathématique qui explicite la loi est perçue comme une décision prise par un tribunal qui aurait pu trancher autrement. En réalité, ces lois ne sont que la conséquence logique, nécessaire, des concepts adoptés pour décrire le réel.

Ainsi l'apport de Mendel n'est nullement dans les fameuses proportions apprises par les candidats au bac ; il est dans le concept de la double commande génétique de chaque caractéristique et du partage aléatoire des gènes lors de la production des gamètes[4]. Les proportions évoquées en sont une conséquence, au prix de quelques hypothèses qu'il est important d'expliciter.

Le danger le plus grave de la référence constante à des lois est de décrire le monde réel comme une accumulation désordonnée de phénomènes, chacun affublé d'une notice de fonctionnement. La science n'est plus que le déchiffrement laborieux de ces notices.

L'unité profonde du cosmos est camouflée derrière un bric-à-brac de processus aussi divers que les vieux objets d'un grenier. Combien d'étudiants ont compris que l'ensemble de tous les événements qui se produisent dans l'univers peut se ramener au jeu de quatre interactions fondamentales ? Toutes les lois mises en évidence ne sont que les conséquences de leurs actions enchevêtrées.

Enfin, le mot « loi » a souvent été utilisé par certaines sciences sociales comme cache-misère de leur pauvreté conceptuelle ; il apporte une façade de scientificité qui peut faire illusion. Le refus des étrangers a ainsi été justifié par la « loi du seuil de tolérance », comme s'il s'agissait d'une réalité universelle contre laquelle il est impossible de lutter.

---

4. Cellules reproductrices mâles ou femelles dont le noyau ne contient qu'un seul chromosome de chaque paire, et qui peuvent s'unir au gamète de sexe opposé mais non se multiplier seules.

Il serait sans doute de bonne gestion de la langue de laisser le mot « loi » aux juristes et d'éviter de l'utiliser dans des exposés scientifiques.

Cela a-t-il pour conséquence qu'il faut remettre en cause le déterminisme ?

Le déterminisme est l'hypothèse selon laquelle les processus en jeu dans l'univers sont tels que les mêmes causes produisent toujours les mêmes effets. Sans cette hypothèse, il n'y a guère de science possible.

Mais la difficulté est de décrire avec une précision suffisante ces « causes ». Certains processus sont tels que la sensibilité aux conditions initiales empêche pratiquement toute prévision à long terme : c'est ce que nous révèle le théorème de Poincaré sur le mouvement de trois corps soumis à l'attraction newtonienne. De plus, les causes en jeu peuvent déjouer, par leur nature même, la recherche d'une description rigoureuse de l'état de l'univers à un instant donné ; tel est le cas des phénomènes ondulatoires. Force est alors de remplacer la vision déterministe par une vision probabiliste.

Pour laquelle la confirmation expérimentale devient essentielle. Quel rapport la science conserve-t-elle finalement avec la réalité ?

Il faut distinguer l'expérience, qui est la somme des observations des phénomènes que spontanément la nature nous présente, de l'expérimentation, qui est l'observation des réactions du monde réel lorsque nous le soumettons à des conditions voulues et dirigées par nous. Dans tous les cas, une théorie qui ne peut être confrontée à de telles observations ne peut prétendre être en accord avec la réalité. Elle est l'objet de foi, non de raison.

Une théorie rationnelle confirmée par l'expérience : définiriez-vous ainsi la vérité scientifique ?

Le mot « vérité » est surtout utilisé par les mathématiciens non pas pour affirmer que leur discours est en conformité avec le monde réel, mais pour constater qu'aucune erreur ne s'est glissée dans la succession de leurs déductions. Le « vrai » semblait être le complémentaire du « faux ». Nous savons depuis Gödel* qu'une troisième catégorie s'insère entre ces deux termes, l'« indécidable ».

Qu'est-ce qu'une preuve ?

Une théorie est « prouvée » lorsque les déductions qu'elle permet sont conformes avec ce que nous révèlent l'expérience ou les expérimentations. Mais cette preuve n'est valable que sous réserve des résultats d'autres observations encore à faire.

Selon vous, quels sont les plus grands savants du xxᵉ siècle ? Les plus grandes découvertes ? Les vraies « révolutions » ?

Les plus grands : ceux qui ont renouvelé les concepts — Einstein*, Poincaré, Bohr*, Heisenberg*, Crick* et Watson*, Prigogine*... — et ceux qui ont su faire profiter l'humanité de leur lucidité — Oppenheimer*, Rostand*, Bachelard*...
Les vraies révolutions ont été les remises en cause de la nature de la matière (physique quantique), du temps (relativité restreinte puis générale), de l'entropie (structures dissipatives), de la vie (complexité).

En tant que savant, quelle « foi » vous anime ?

La seule affirmation pour laquelle je peux dire : « Je la crois », est que l'univers a effectivement une existence, même si cette existence ne peut être prouvée.
Pour le reste, je pense que le verbe « croire » devrait être répudié. Il ne s'agit pas, pour vivre, de croire, mais d'adhérer à un programme de vie, individuel ou collectif.

Quelles sont les croyances, les opinions, les idées qui empêchent le progrès de la connaissance ?

L'opposition religion-science est un terrible blocage dû à une mauvaise conception du rôle d'une religion. Celle-ci ne devrait pas avoir pour rôle de nous demander de croire à une quelconque vérité, plus ou moins révélée, mais nous proposer un projet pour faire évoluer la société des hommes. La science satisfait notre besoin de compréhension du réel et se met au service du projet adopté. Elles ne sont pas plus en conflit qu'un volant désignant la direction ne l'est avec un moteur permettant d'avancer.

Travail

> « La chose la plus
> importante à la vie, c'est
> le choix du métier. »
> BLAISE PASCAL

« Travail » : le mot est utilisé sans cesse, et dans des acceptions très diverses. Laquelle retenez-vous ?

C'est par une définition qu'il faut commencer. Le mot « travail » porte les pires ambiguïtés ; il est utilisé aussi bien pour désigner les activités imposées, fatigantes pour l'esprit comme pour le corps, destructrices, que pour les activités choisies, sources de joie et de dignité. En disposant d'un mot unique, on amalgame des situations totalement opposées ; les phrases où il figure peuvent devenir de véritables pièges. Étymologiquement, le travail est une « torture » (*tripalium*) ; pour les théologiens, il est une malédiction divine ; pour les économistes, il est le bien suprême dont chacun doit avoir sa part et dont, hélas pour eux, les pauvres chômeurs sont privés. Devant une telle incohérence, il est nécessaire de choisir le sens attribué aux mots.

Il me semble de bonne méthode de réserver le mot « travail » à tout ce qui évoque le *tripalium*, ce trépied sur lequel on installait les animaux ou les hommes pour les torturer. Même sans constituer une torture, le « travail », si l'on adopte cette définition, est source de souffrance (une femme en travail est une femme qui accouche dans la douleur) ou de fatigue excessive; il est destructeur de la personne, physiquement ou moralement. L'objectif de l'organisation collective est de le réduire autant que possible.

Une des façons efficaces d'obtenir cette réduction est de recourir à l'esclavage en admettant que les esclaves ne sont pas réellement des membres de l'espèce humaine. De nombreuses sociétés ont eu recours à cette fiction qui préserve la rigueur des raisonnements. Sans aller jusqu'à cette extrémité, certaines sociétés admettent que les membres de l'espèce humaine sont de plusieurs catégories, ayant, en raison même de leur « nature », des destins différents. Ainsi, on distinguait autrefois en Europe les nobles, au sang bleu, et les manants, au sang rouge; ces derniers étaient faits « pour » travailler, les premiers auraient dérogé à leur statut en travaillant.

Dès que l'on récuse cette dualité, que l'on admet l'égalité des membres de l'espèce humaine, cette fiction disparaît, et avec elle la possibilité d'écarter le travail-torture pour une partie seulement de la population. Il faut l'écarter pour tous.

De quelle manière le travail est-il lié à l'espèce humaine?

Survivre nécessite un apport permanent de biens, de nourriture, d'abris, de chaleur qu'il faut se procurer ou réaliser. Pour y parvenir, il faut consacrer une partie de son temps à de multiples activités dont certaines sont fort pénibles et peuvent être considérées comme des « travaux ». Mais, pour l'essentiel, ces activités sont, pour les populations d'avant le néolithique, sources de satisfactions collectives liées aux échanges qu'elles provoquent autant que source des biens matériels nécessaires. Pour des chasseurs-cueilleurs, il suffisait au responsable d'une famille de quatre personnes de s'occuper deux jours sur sept à la recherche de ces biens; le reste du temps était disponible. Le concept de travail n'a pas dû alors être imaginé.

Tout a changé avec l'invention de l'élevage et de l'agriculture ; il a fallu préparer les champs, stocker les récoltes, les protéger... d'où l'apparition d'activités nouvelles, le plus souvent très fatigantes, ou même chargées de dangers mortels comme les guerres. L'essentiel du temps a été consacré au « travail ». Pour se justifier vis-à-vis d'eux-mêmes, les hommes ont alors imaginé de faire de ce travail une fatalité imposée par les puissances divines, une malédiction.

Le travail n'est ni une malédiction ni même un devoir inconditionnel. Le devoir des hommes est de participer à la construction des personnes, la sienne comprise. Il faut pour cela, bien sûr, préserver la vie, donc obtenir les biens, nourriture, énergie, sécurité qui sont nécessaires à la poursuite de nos métabolismes. Si cela ne peut être obtenu sans travail, ce travail est effectivement un devoir. Mais si, par chance, ces biens sont offerts par la nature, ou réalisés en grande partie par des machines, on ne voit pas au nom de quoi on imposerait aux hommes de travailler.

Avoir fait du travail la source de l'entrée en humanité me semble une perversion. On a confondu, plus ou moins sciemment, le travail-torture et l'activité libérante. La générosité, le dévouement sont des attitudes plus anoblissantes que le courage au travail.

Vous n'êtes donc pas de ceux qui glorifient le travail comme garantissant la moralité d'une société ; je pense notamment aux nostalgiques du régime de Vichy.

En fait, la glorification du travail a été, pour des régimes totalitaires, un bon moyen de préserver l'ordre établi ; pendant qu'ils sont au travail, les citoyens n'ont pas le goût ou la possibilité de se poser, et de poser au pouvoir, les questions fondamentales. L'oisiveté est, dit-on, la mère de tous les vices, mais l'excès de travail est le père de toutes les soumissions.

Cette négation du rôle quasi religieux du travail n'est pas une apologie de la paresse. Ne pas travailler n'est pas rester inactif; c'est profiter d'un temps disponible pour échanger, rencontrer, réfléchir, seul ou à plusieurs, lire, écouter, créer. En ce sens, un enseignant ne « travaille » jamais, non plus un enseigné. En revanche, leur activité peut beaucoup les fatiguer, ce n'est pas incompatible.

La diminution de la quantité de travail permettant de produire les biens nécessaires devrait être saluée comme un des grands succès de notre imagination créatrice. Que cette diminution soit source de chômage est le signe d'une erreur fondamentale de l'organisation de notre société. Le véritable remède contre le chômage est qu'il n'y ait plus de travail pour personne, mais pour chacun une place dans la société.

Suivez-vous Freud quand il écrit que la civilisation est « quelque chose d'imposé à une majorité récalcitrante par une minorité ayant compris comment s'approprier les moyens de puissance et de coercition » ?

Idéalement, la civilisation devrait être imposée par une majorité enthousiaste à une minorité provisoirement sceptique. Il faudrait pour cela que l'objectif de ceux qui imposent ne soit pas le pouvoir. On mesure à ce propos combien la compétition, donc la lutte pour la domination et le pouvoir, est le poison sournois et mortel de notre culture.

En réalité, faire travailler les autres, c'est ce qu'ont toujours fait les puissants et les nantis[1].

Rien n'est aussi efficace que l'esclavage. C'est un régime riche de tous les avantages, du moins pour ceux

---

1. Dans *Aurore*, Friedrich Nietzsche déclare : « Au fond, on sent aujourd'hui, à la vue du travail — on vise toujours sous ce nom le dur labeur du matin au soir —, qu'un tel travail constitue la meilleure des polices, qu'il tient chacun en bride et s'entend à entraver puissamment le développement de la raison, des désirs, du goût de l'indépendance. »

qui ne sont pas esclaves. Que cette exploitation du plus grand nombre au profit d'une minorité ait été un passage obligé dans l'histoire de l'humanité, c'est possible. Mais maintenant les conditions sont telles que toute trace d'esclavage doit être pourchassée. Nous en sommes loin. Il suffit d'évoquer le sort des enfants travaillant dans les États du tiers-monde où les entreprises occidentales délocalisent leurs productions.

Quand le travail est une activité productrice, peut-on alors le réhabiliter ?

Ce n'est pas le travail qu'il faut réhabiliter, mais les activités qui contribuent à produire ce qui est nécessaire ou utile aux hommes. Cette activité productrice peut prendre les formes les plus diverses, d'où la nécessité d'échanges qui impliquent des biens sans commune mesure : l'un fournit des pizzas, l'autre éduque l'enfant du boulanger, l'un répare des chaussures, l'autre guérit l'enfant du cordonnier.

L'erreur démoniaque commise par les économistes est de poser la question : combien de pizzas « vaut » l'enseignement de cet enfant, combien de semelles neuves la guérison de celui-ci ? Y répondre suppose que toutes ces productions, les unes matérielles, les autres immatérielles, peuvent avoir une mesure commune. L'admettre est, pour moi, entrer dans la barbarie.

Si je comprends bien la façon dont vous caractérisez le travail, vous ne faites ni du loisir ni de l'oisiveté son contraire.

Les mots « loisir » ou « oisiveté » ont une connotation parfois péjorative. Il est préférable de parler de temps « libre », c'est-à-dire à la disposition de chacun pour s'engager dans des activités qu'il choisit. Cette gestion personnelle du temps devrait être proposée et apprise aux écoliers même très jeunes. Des expériences ont été faites (Libres enfants de Summerhill en Grande-Bretagne, École Jonathan à Montréal). Elles montrent que les enfants que l'on rend responsables de la gestion de leurs études font des progrès au moins aussi rapides que ceux qui sont contraints par un emploi du temps imposé.

N'est-ce pas le problème central de la vie consciente que de faire au mieux avec la durée que nous donne la nature? N'oublions pas qu'une vie de cent années ne contient que trois milliards de secondes; raison de plus pour ne pas perdre son temps à des insignifiances.

Appliquée à l'école, votre conception du travail débouche sur quelles conséquences? Sur ces bases, peut-on encore reprocher aux élèves de ne pas assez travailler?

Je leur reprocherais seulement de perdre leur temps en le consacrant au dérisoire. L'objectif de leurs études n'est pas de préparer un examen, même pas de préparer leur entrée dans la « vie active ». En fait, ils sont déjà dans la vie active; ils sont dans la phase de leur vie où la construction de leur personne se déroule avec le rythme le plus rapide; leur intelligence est encore disponible pour de multiples champs d'intérêt; l'important pour eux est d'explorer ces champs sans choisir trop tôt ceux où, plus tard, ils s'attarderont.

Oui, leur avenir est en jeu; mais pas leur avenir professionnel, leur avenir de personne. La seule angoisse valable est celle-ci : Que vais-je faire de ce cadeau étrange d'une vie?

Les philosophes ont réfléchi depuis des siècles sans pouvoir répondre. On ne peut exiger des jeunes d'aujourd'hui qu'ils en soient capables.

Mais ils ont la chance d'entrer dans un monde à reconstruire. Ils n'auront pas à appliquer des recettes apprises à l'école, mais à inventer une nouvelle façon de vivre ensemble à six ou sept milliards d'hommes. De quoi ne pas être « démotivé » face à demain.

La situation actuelle préoccupe les jeunes : pas de travail, pas de revenus, pas de « place » dans la société. Comment

peut-on les aider à ne pas sombrer dans le pessimisme et le
désespoir?

La vie n'est pas (ou plus) un jeu de l'oie où il suffirait
d'aller de case en case au gré des hasards d'un dé. Les
cases ne sont pas encore dessinées. Le dé n'a que des
faces blanches. Ce n'est pas lui qui décide, mais chacun
des humains. Vivre, c'est participer à cette aventure
collective où personne n'est insignifiant.

d'aller de case en case au gré des hasards d'un dé. Les
jeux ne sont pas encore dessinées. Le dé n'a que des
faces blanches. Ce n'est pas lui qui décide, mais chacun
les humains. Vivre, c'est participer à cette aventure
collective où personne n'est insignifiant.

Utopie

« Le poète en des jours
impies vient préparer des
jours meilleurs. Il est
l'homme des utopies ; les
pieds ici, les yeux ailleurs. »

Victor HUGO

*Le terme « utopie » a été créé par Thomas More en 1516 à
partir du grec ou (privatif) et topos, « le lieu » : ce qui n'est
d'aucun lieu, nulle part. Son ouvrage intitulé* L'Utopie *décrit
la meilleure constitution d'une République. Pour le philosophe,
l'utopie est en effet la description d'une société idéale. Déjà
chez Platon, dans* La République, *on trouve une forme de
pensée utopique. Ces utopies théoriques vous semblent-elles
utiles, voire nécessaires ?*

Le constat que nous avons fait à maintes reprises est
que la spécificité de notre espèce est de savoir l'existence
d'un demain, donc de s'efforcer d'imaginer ce qu'il sera et,
mieux, ce qu'il pourrait être. Prévoir, jouer les Cassandre,
est s'abandonner à la fatalité, faire comme si demain
était déjà écrit, comme s'il suffisait de l'attendre. Faire un
projet, décrire un demain conforme à nos souhaits, c'est
admettre, au contraire, que nous avons prise sur le passage d'aujourd'hui à demain, que nous pouvons orienter
le cours des événements. Une société sans utopies est
une société passive, pas encore véritablement humaine.
Toute communauté humaine se doit de proclamer son

objectif et de commencer à prendre les moyens de s'en approcher.

Une utopie est une étoile lointaine vers laquelle on prend la décision de se diriger. Il ne s'agit pas de prétendre l'atteindre, mais d'être fidèle à l'attraction de sa lueur, même lorsqu'elle est à peine discernable dans le brouillard.

Pour certains, l'utopie est réactionnaire : elle est un refus du réel, un refuge dans des « îles »; elle inhibe l'action nécessaire pour transformer la société.

Ce danger est réel si l'on se contente de rêver les utopies, ou de les annoncer comme si la force des choses allait nécessairement les apporter aux hommes. Une utopie démobilise, elle annihile les forces en faveur du changement, si elle n'est pas accompagnée de l'appel aux actes immédiats permettant de s'en approcher. L'exemple extrême d'une attitude utopique prônant la passivité a été celle de l'Église du XIXᵉ siècle proposant à la classe ouvrière éhontément exploitée de prendre patience, les souffrances subies sur cette terre lui ouvrant pour après la mort les portes du Paradis. Cette « utopie » a en effet été réactionnaire.

En revanche, le discours de ceux qui imaginaient une société où aurait disparu l'exploitation de l'homme par l'homme était mobilisateur car il proposait un chemin capable de s'approcher de cet état idéal. Pour que la description d'une utopie soit facteur de changement, il faut qu'elle apparaisse comme réalisable, du moins à long terme. Une Europe faite d'États ne se faisant plus la guerre était une utopie en 1945 ; ceux qui ont voulu la réaliser ont pu montrer aux opinions publiques que les guerres étaient de fausses solutions aux conflits ; aidés par l'écœurement des peuples devant tant de souffrances inutiles, ils ont pu mettre en place l'Union européenne. Cet exemple est un encouragement pour ceux qui, aujourd'hui, militent en faveur de l'utopie d'une communauté culturelle méditerranéenne.

Marx traitait de « socialisme utopique » les projets de Fourier ou de Saint-Simon d'une société égalitaire, harmonieuse et fraternelle. N'est-ce point pourtant cela la société idéale ?

Comme pour de nombreux termes, le passage du substantif à l'adjectif s'accompagne d'un changement de sens. Une utopie peut être considérée comme un projet réalisable mais qui n'a pas encore été réalisé. En revanche, « utopique » signifie chimérique, imaginaire, impossible. C'est la forme de socialisme proposée par Fourier ou Saint-Simon que Marx considérait comme utopique, non l'objectif de fraternité.

Toute utopie ne revient-elle pas à faire descendre le Paradis sur terre ? Ne serait-il pas plus raisonnable de s'efforcer de réduire les maux qui frappent les hommes plutôt que de chercher à leur apporter le bonheur ?

C'est le mot bonheur qui me dérange. C'est un mot qu'il vaudrait mieux ne pas trop utiliser dans le domaine collectif et politique. Il implique une plénitude, donc une durée sans fin, qui ne peut être obtenue. La mort, nécessairement, est au bout de l'aventure. Parmi les contraintes que nous inflige la nature, certaines, comme la mort, sont définitives ; elles sont, pour toujours, des éléments du cheminement de chacun. Mais, face à d'autres, nous pouvons nous battre, et parfois gagner.

La lutte contre les maladies des enfants est le plus bel exemple des victoires presque complètes. Au lieu d'un enfant sur deux emporté avant un an, c'est moins d'un sur cent cinquante aujourd'hui dans les pays développés. Une maladie comme la variole, qui tuait les hommes par millions chaque année, a été éradiquée, définitivement sans doute. Nous avons inventé d'efficaces moyens d'atténuer la douleur. Mais la fraction de l'humanité qui en profite est scandaleusement limitée.

Le « bonheur » est à la merci de trop d'événements : le promettre à tous serait un monstrueux mensonge. Du moins pourrions-nous promettre à tous que tous

les moyens disponibles permettant de lutter contre le
« malheur » leur seront apportés. L'égalité face aux maladies, voilà vraiment une utopie réalisable.

*Pour Nietzsche le philosophe est l'homme de demain, celui
qui refuse « l'idéal du jour », celui qui cultive l'utopie. En fait,
il refuse les choses telles qu'elles sont, il doute, il invente, il
« tente », il prend des risques, il pose des questions qui dérangent. Ne seriez-vous pas un peu philosophe ?*

Avec cette définition, c'est chaque homme qui est un
peu, ou beaucoup, philosophe. Pour un homme, être c'est
devenir, c'est donc nécessairement s'interroger à propos
de demain. Or ce demain n'a encore aucune existence. Il
est à créer. Par moi.

Allons plus loin. C'est l'insatisfaction devant l'état des
choses qui conduit à les imaginer autres. Si ce monde imaginaire ne concerne que ma personne, il ne s'agit pas
d'une utopie, mais d'un rêve personnel. Penser à ce que
deviendrait notre vie si l'on gagnait le gros lot n'est pas
une utopie, mais la simple exploration d'un des plus
improbables parmi les possibles de demain. Une utopie
implique nécessairement une communauté humaine.
Son objet est précisément l'ensemble des rapports que les
membres de cette communauté tisseront entre eux.

À vrai dire, ces rapports peuvent fort bien être à base de
domination, d'intolérance, de mépris. Le Reich millénaire
d'Hitler était lui aussi une utopie, fondée sur la supré-
matie d'un groupe, les mythiques « aryens », et l'oppression de tous les autres. Sans aller à ces extrémités, on peut
imaginer des utopies privilégiant l'ordre, l'organisation, la
discipline, la généralisation de la structure militaire. Ce
sont celles dont rêvent ceux qui se soucient avant tout de
leur confort, de leur tranquillité, de leur sécurité. Ils sont,
hélas, nombreux.

Mais, par chance, ils n'osent guère proclamer leur
choix et laissent la parole aux utopistes les plus audacieux, et généralement les plus généreux.

Vous parlez dans vos ouvrages du changement inévitable
de nos modes de vie, de la « nécessaire utopie ». N'est-ce pas,
chez vous, un rêve finalement désespéré, car les changements
que vous préconisez sont irréalisables ?

Aujourd'hui, l'appel à l'utopie est la conséquence de la
lucidité. En cette fin du xxᵉ siècle, nous sommes obligés
de constater que toutes les conditions de la vie des
hommes sur leur petite planète viennent de se modifier.
Leur effectif a quadruplé depuis cent ans et va encore
s'accroître de près de moitié. La répartition de cette masse
humaine entre les continents sera totalement différente
de celle d'aujourd'hui : doublement de la population
d'Amérique latine, quasi triplement de celle d'Afrique. Les
pouvoirs de transformation de leur milieu ont atteint une
efficacité telle qu'ils modifient irréversiblement les caractéristiques physiques de la terre.

Il est clair que la poursuite de la croissance de notre
consommation des biens non renouvelables de la planète
nous conduit à un suicide collectif. Il suffit de constater
qu'au rythme actuel nous aurons épuisé avant un siècle
les réserves de pétrole que la terre avait accumulées au
cours de centaines de millions d'années. Oui, « le temps
du monde fini commence », j'ai rappelé naguère ce
constat fait, dès 1945, par Paul Valéry. Il faut aller plus
loin que cette évidence et tenter de définir une nouvelle
façon de vivre les uns avec les autres.

Le xviiiᵉ siècle a été celui de la philosophie triomphante, le xixᵉ celui de l'industrie triomphante, le xxᵉ celui
de l'économie triomphante. Il faut dès maintenant choisir
ce que sera le xxiᵉ : celui de la barbarie triomphante ou
celui de l'« hommerie » triomphante.

Vérité

« S'il y avait une seule
vérité, on ne pourrait pas
faire cent toiles sur le même
thème. »

PABLO PICASSO

Peu de mots sont aussi équivoques que celui de vérité. On parle de choses vraies, d'énoncés vrais, mais aussi de vraies perles... Et souvent, on confond réalité et vérité. À vous de mettre un peu d'ordre dans ce chaos.

Une « chose » est un des éléments du monde réel dans lequel nous baignons. Nous n'avons accès à elle que par l'entremise de nos sens toujours imprécis et même suspects et par les déductions que nous permet notre activité intellectuelle. Cette chose est donc inaccessible en sa totalité. Ce que nous savons d'elle est nécessairement incomplet. À son propos nous pouvons énoncer quelques affirmations ; celles-ci sont « vraies » si elles correspondent à des caractéristiques vérifiables de cette chose.

« La Terre est ronde » est une affirmation que, jusqu'aux satellites artificiels, on pouvait considérer comme vraie, mais elle ne résultait pas d'un apport de nos sens, seulement d'une déduction logique. Aujourd'hui, les photos prises par ces satellites nous font réellement voir cette forme ronde.

« La Terre tourne autour du Soleil » restera longtemps une simple déduction logique ; cette phrase est vraie dans le sens où elle n'est en contradiction avec aucune des observations que nous pouvons faire. Elle décrit une partie du modèle que nous avons construit avec notre intelligence pour expliquer le mouvement des planètes; elle est vraie à l'intérieur de ce modèle.

En revanche, l'affirmation : « Voici une vraie perle » utilise l'adjectif vrai dans un tout autre sens. On se réfère ici à une séparation arbitraire des perles en deux catégories, les vraies et les fausses, correspondant à la façon dont elles ont été produites. Cette affirmation n'a de sens, et ne peut donc être elle-même déclarée vraie ou fausse, que par référence à cette distinction interne de la catégorie « perle ».

La réalité est une hypothèse que nous faisons à propos de ce qui nous entoure. Cette hypothèse est pratique mais non nécessaire. Il est toujours possible de s'en tenir à la position des solipsistes selon lesquels seul est réel ce que je perçois.

Si j'admets l'existence d'un monde réel, je peux qualifier de vraies les affirmations qui énoncent des propriétés correspondant aux caractéristiques manifestées par ce réel.

Mais cette vérité est soumise aux illusions dont je peux être victime par mes sens, incomplets, imprécis. Une vérité d'une tout autre nature intervient lorsque j'évoque les raisonnements que je suis capable de développer. Cette fois les sens n'interviennent pas; il s'agit de l'application de règles de déduction que je pose *a priori*. « 2 + 2 = 4 » est vrai si j'accepte les règles de l'arithmétique.

Dans l'allégorie de la caverne, Platon a donné au thème de l'illusion des sens sa forme classique. Quelle lecture faites-vous de ce morceau célèbre ?

L'allégorie de la caverne[1] n'évoque que la trahison des sens. Depuis Platon, nous avons su prolonger ceux-ci et

---

1. PLATON, *La République*, livre VII. Il s'agit d'une allégorie : il convient de l'interpréter, de la déchiffrer. La lumière du jour parvient à peine à filtrer dans la caverne. Nous sommes prisonniers des apparences : l'habitude nous fait prendre les reflets trompeurs, c'est-à-dire

« voir » des objets auxquels aucun animal n'a accès,
galaxies lointaines ou virus ; notre représentation du réel
en est totalement modifiée, les catégories en lesquelles
nous classons les objets en sont bouleversées. La catégorie « êtres vivants », par exemple, se réfère désormais
plus à la présence de la molécule d'ADN qu'à des comportements apparents. Nous avons su nous libérer en partie
de la chaîne qui nous empêchait de tourner la tête.

Pour autant nous ne pouvons, même en la regardant en
face, qu'imaginer la réalité. Heisenberg, par ses inégalités
exprimant l'indépassable limite de notre connaissance,
réécrit le mythe de la caverne. Il nous fait passer de la
recherche de la connaissance des « choses » à la recherche
des conditions dans lesquelles nous avons accès aux
« choses ».

Mais il fait beaucoup mieux encore, il nous décrit une
réalité plus fondamentale que l'être de ces choses, le processus par lequel elles se transforment. Il nous montre
que ce processus n'est pas rigoureusement déterministe mais fait une large place à l'indétermination ; l'état
de l'instant t ne dicte pas l'état de l'instant t + 1. Tout
enchaînés que nous soyons dans notre caverne, nous
avons su dévoiler ce secret bien caché de l'univers. Le jeu
de la co-naissance a changé de règle ; nous ne cherchons
plus à naître à un univers qui ne consent à donner que des
reflets de lui-même ; nous cherchons à faire naître en
nous un modèle de l'univers incorporant les bribes
d'informations que nous avons su recueillir.

*Être et paraître ? Où est le vrai ? Le modèle ou la copie ? Le
réel sensible ou le discours (logique, raisonnable) sur ce réel ?
Y a-t-il un double plan : l'Être d'une part, et le langage d'autre
part ?*

le monde matériel et visible pour la réalité même. La connaissance est
une conversion spirituelle, une montée vers le monde intelligible par
laquelle l'âme se détourne du monde sensible et du corps qui l'empri-
sonne.

Ce que je livre aux autres de mon être ne peut que transiter par le paraître. Mais aux apports des sens qui leur décrivent mon apparence, j'ai su, par le langage, ajouter un canal permettant de transmettre des informations d'une autre nature. Non seulement je peux, par une grimace ou par un sourire, manifester ma colère ou mon amitié, je peux aussi, par des mots, exprimer les causes et le contenu de ces sentiments.

Reste que ce langage peut être aussi trompeur que les sens; surtout il est nécessairement ambigu. Le contenu d'une phrase, l'information qu'elle véhicule, sont nécessairement interprétés par l'interlocuteur. Je crois qu'il faut renoncer à faire entrer l'autre dans notre être, tout au plus peut-on s'efforcer de l'aider à s'en approcher, à en considérer les multiples facettes, à réviser les idées partielles qu'il en avait.

Mais qu'est-ce qui garantit cette vérité? Son évidence? Dieu? La raison humaine?

Il faut distinguer deux cas : celui d'un raisonnement déroulé à l'intérieur d'un ensemble fermé où les règles du jeu sont au départ définies, c'est le cas des mathématiques, et celui des affirmations concernant ce qui appartient à l'ensemble ouvert, en tout cas aux limites indéfinissables, qu'est le monde extérieur.

Dans le premier cas la vérité des formulations est garantie par le respect des règles admises. Cette vérification est parfois immédiate, elle peut aussi être un long travail de spécialiste. Ainsi, la récente démonstration du fameux théorème de Fermat* a nécessité de longs mois de travail de mathématiciens qui ont constaté une erreur dans le raisonnement; celui-ci a été repris et, aux dernières nouvelles, il serait enfin rigoureux; si cela est, on peut dire que l'affirmation de Fermat exprime la « vérité ». Le garant est ici la raison humaine.

Dans le second cas, la physique quantique nous a appris à nous satisfaire d'approximations qui ne cherchent

même pas à dire la vérité. À la question : Où se trouve
telle particule à l'instant t ? Aucune réponse ne peut être
fournie que l'on qualifierait de « vraie ». Non seulement
parce que cette vérité est inaccessible, mais parce que la
question n'a pas de sens. La particule évoquée se comporte comme une onde et peut se trouver dans la totalité
de l'espace ; tout au plus peut-on évaluer la répartition
dans cet espace de sa probabilité de présence.

Le terme « vérité » n'a finalement rien à faire ici ; il
suffit de vérifier la cohérence entre les affirmations et
les informations que l'univers veut bien nous envoyer
sur lui-même.

En revanche, si on introduit Dieu, tout est clair : est vrai
ce qui est conforme à sa parole révélée. Encore faut-il
avoir entendu en direct cette parole.

*Vous n'avez donc rien à objecter à la définition tradition-
nelle de la vérité comme adéquation de la réalité et de l'esprit.*

L'existence d'une réalité est une hypothèse commode.
Mais ce réel ne peut être atteint que partiellement ; et
cette limitation apparaît définitive. Il me semble de bonne
méthode d'appeler « réel » l'ensemble de ce qui existe,
« réel connu » le sous-ensemble constitué par les éléments
de cet ensemble auxquels nous avons actuellement accès,
et « réel accessible » le sous-ensemble constitué par les
éléments qui auront pu être connus lorsque l'humanité
terminera son exploration.

Quant à la « vraie nature » du réel, elle ne peut être à la
portée de nos concepts nécessairement arbitraires.

*Ne faut-il pas en ce cas définitivement abandonner l'idée
que la vérité serait une et absolue pour lui substituer la
conception d'une vérité plurielle et relative ?*

Peut-être y a-t-il une vérité une et absolue, mais elle
m'importe peu, car je dois faire mon deuil de la connaître
— sinon dans l'illumination post-mortem que l'on peut
toujours espérer. Ce qui importe est la vérité interne de

nos discours; je préfère décidément employer le mot
« cohérence » et abandonner le terme « vérité », trop
chargé d'illusions. Car, en dernière analyse, il n'y a guère
que des critères de cohérence; ils nous sont fournis soit
par la logique, qui vérifie les diverses étapes du raisonnement, soit par l'expérience, qui confronte les conséquences d'une hypothèse et les informations obtenues
par l'expérience.

Qu'est-ce alors que l'objectivité ?

Être « objectif », c'est accepter de se soumettre aux
critères de cohérences ainsi définis.

Et le contraire de la vérité ?

Le contraire de la vérité est toute affirmation rejetée
par les critères évoqués précédemment (cohérence).

*Mais l'erreur n'est-elle pas une étape nécessaire de la
conquête de la vérité ? Nous lisons cela chez Bachelard*.*

Là encore, deux réponses selon qu'il s'agit de raisonnement ou de connaissance du réel.

En mathématiques, l'erreur n'est pas une étape vers la
vérité. En revanche, une étape utile peut être une conjecture, c'est-à-dire une affirmation qui semble vraie mais
que l'on n'a pas encore pu démontrer. Tel était le cas jusqu'à cette année du théorème de Fermat, ou actuellement
de la conjecture de Goldbach (tout nombre pair peut être
décomposé en la somme de deux nombres premiers).

Au contraire, lorsqu'il s'agit de s'approcher du réel, il
est nécessaire de faire des hypothèses; celles-ci ont la
plus grande chance de se révéler un jour fausses, mais
elles ont permis des expériences, donc un interrogatoire
de la réalité. Le chercheur est un peu dans la position du
policier qui veut faire dire la « vérité » et qui ne renonce
pas toujours à la torture, par exemple sous la forme des
énormes appareils où nous précipitons les unes contre les

autres des particules assez vicieuses pour ne pas avouer leur « nature ».

Quels sont les « obstacles » à la conquête de la vérité? L'opi-nion? Le manque de connaissances? La superstition, les croyances?

Le premier obstacle est l'idée préconçue. Nous ne savons souvent voir que ce que nous sommes prêts à voir. La qualité essentielle du chercheur est son aptitude à admettre qu'il s'est fourvoyé.

Ces idées préconçues sont d'autant plus néfastes qu'elles sont inconscientes; elles font partie de la collec-tion d'évidences que nous n'avons pas remises en cause. En ce sens, l'« opinion » est effectivement un obstacle; elle est un bouquet de « vérités premières », c'est-à-dire d'affir-mations acceptées sans critique. Qui a écrit : « Il pleut des vérités premières, ouvrons nos rouges tabliers » ?

En tout cas, ceux qui prétendent détenir la vérité sont ceux qui ont abandonné la poursuite du chemin vers elle. La vérité ne se possède pas, elle se cherche. Heureuse-ment. Le bonheur n'est pas de boire à la source, mais de s'approcher de la source.

Les religions sont un obstacle sur ce chemin dans la mesure où elles se réfèrent à une parole révélée. Le concept de révélation conduit droit à l'intégrisme dont nous voyons les ravages.

Dans le domaine moral, la révélation de la vérité est-elle un devoir?

L'important n'est pas que mon discours soit vrai, mais qu'il soit sincère. La construction des personnes et des sociétés utilise comme matériau principal les échanges que les individus savent faire vivre. Si ces échanges sont fondés sur la duplicité, le désir de domination, la compé-tition, le résultat ne peut être qu'une catastrophe pour tous. Oublions le mot « vérité », privilégions le mot « authenticité ».

Toute vérité est-elle bonne à dire ?

Toute vérité doit être dite, mais dans des conditions telles qu'elle puisse être entendue. Dire la vérité à celui qui, du fait de son ignorance ou de ses présupposés, ne pourra comprendre aboutit à transmettre une contre-vérité.

En fait, il faudrait affirmer : toute vérité doit être transmise. Ce qui implique parfois d'en différer la proclamation, jusqu'à ce que l'interlocuteur soit en mesure de l'entendre.

La vérité donne-t-elle un sens à la vie ?

Ce qui donne sens à la vie est la cause que l'on s'efforce de défendre, le chemin que l'on tente de défricher. L'exigence de rigueur fait partie des attitudes qui valorisent ce cheminement.

W (et la langue française)

« On peut tout à la fois
défendre la langue française
et l'universel. »

MICHEL SERRES

Si l'on en croit le Larousse, « la lettre *w* est propre aux langues du Nord et n'est usitée en français que dans des mots empruntés à des langues ayant leur orthographe ».

L'ambiguïté à son propos est telle qu'elle est selon les cas une voyelle ou une consonne. Dans les mots venant de l'allemand, *w* a la valeur du *v*; elle se comporte comme une consonne. Dans les mots venant de l'anglais, du flamand, du néerlandais, elle correspond généralement au son « ou » et se comporte comme une voyelle.

Pour participer à la défense de la langue française, il est donc préférable de ne pas rechercher de mot commençant par une lettre ayant une conduite aussi désinvolte...

X (l'inconnue)

« La moindre chose contient un peu d'inconnu.
Trouvons-le. »

GUY DE MAUPASSANT

Classiquement, les inconnues introduites dans un problème sont représentées par la lettre X. Que signifie cette représentation, en quoi est-elle efficace?

Cette efficacité est rendue évidente par le moindre problème faisant intervenir des nombres. Supposez que je vous pose la question suivante : « Dans quinze ans, ce garçon sera trois fois plus âgé que l'année dernière; quel est son âge? » Vous pouvez certes découvrir le résultat, mais au prix d'un effort intellectuel non négligeable. Le mathématicien répugne à ce genre d'effort; il est paresseux et préfère suivre un chemin balisé. Pour cela il donne un nom à l'âge inconnu; toujours par paresse, il adopte un nom court, le plus court possible, une seule lettre, par exemple X. Puis il exprime les données fournies au moyen d'égalités arithmétiques; dans le cas présent :

$$X + 15 = 3(X - 1)$$

Soit :

$$X + 15 = 3X - 3$$

D'où, en retranchant X et en ajoutant 3 aux deux membres de l'égalité :

$$2X = 15 + 3 = 18$$

Et donc :

$$X = 9$$

Ce cheminement peut sembler un peu longuet pour un problème aussi simple ; son mérite est d'être systématique et de s'adapter aux énoncés les plus complexes.

La même attitude permet de venir à bout sans difficulté de questions impliquant plusieurs inconnues liées par des relations exprimables grâce à des opérations arithmétiques. Ainsi, essayez de répondre à la question suivante : « Les âges additionnés de mon père et de moi font un total égal à deux fois la différence de nos âges ; il y a cinq ans mon père était quatre fois plus âgé que moi. Quels sont nos âges ? » Il est probable que les esprits les plus courageux renonceront à aller jusqu'au bout. En dénommant les deux inconnues par les lettres X et Y, tout devient simple. Les données sont exprimées par deux équations :

$$X + Y = 2 (X - Y)$$
$$X - 5 = 4 (Y - 5)$$

De la première on déduit :

$$X = 3 Y$$

Et, en reportant dans la seconde :

$$3Y - 5 = 4Y - 20$$

D'où :

$$Y = 15$$
$$X = 45$$

Hélas, ces procédés mathématiques sont souvent présentés comme des mystères que seuls quelques individus spécialement doués sont capables de percer. En fait, ce sont des « trucs » pratiques, l'équivalent des tours de main des artisans, qui pourraient et devraient être mis à la portée de tous.

Pourtant, dans notre enseignement, les « bons en maths » sont considérés comme l'élite intellectuelle; c'est sur les performances en maths que l'on se base pour orienter et sélectionner. L'une des écoles les plus prestigieuses n'a-t-elle pas été surnommée « l'X » pour marquer le rôle des maths dans la réussite à son concours?

Le seul avantage de cette discipline est qu'elle permet de corriger les copies d'examen avec un semblant de rigueur et d'objectivité. Il est beaucoup plus facile de donner une note à une copie de maths qu'à une copie de français; par paresse, par confort, pour éviter les contestations, les procédures utilisées pour affecter les élèves aux divers parcours de l'enseignement ont donc tendance à faire la place la plus grande aux maths. Mais l'exemple de l'École polytechnique montre combien il est dangereux de se reposer sur cette fausse objectivité.

Les élèves de cette école sont le produit d'une sélection sévère; ils sont considérés — et se considèrent — comme ayant droit aux plus brillantes carrières. Il est révélateur cependant de comparer les performances qu'ils ont accomplies au cours de leur vie à celles d'individus apparemment moins brillants, par exemple ceux sortis d'une école qui ne pratique aucune sélection à l'entrée, l'École polytechnique de Zürich. Parmi les anciens élèves de celle-ci on dénombre vingt-sept prix Nobel, parmi les anciens élèves de l'X deux. Ce résultat n'est nullement paradoxal; les « X » ont en fait été sélectionnés sur leur capacité à étudier les matières imposées par le programme du concours, non celles qui les passionnaient, donc sur leur conformisme, leur manque d'imagination.

Utiliser les maths comme outil de sélection est décidément une aberration. Sur quoi sélectionner alors? direz-vous. La vraie question est : Pourquoi sélectionner? Et je ne connais pas la réponse.

Yin et yang

« L'homme n'est peut-être que le monstre de la femme, ou la femme le monstre de l'homme. »

Denis DIDEROT

Ce schéma apparu en Chine trois siècles au moins avant Jésus-Christ a popularisé en Occident la pensée bouddhiste. Que vous suggère-t-il ?

Avant tout il met en évidence l'impossibilité de traduire par des mots les réalités qu'évoque un dessin. La désignation même de ce diagramme par l'expression « yin et yang » suggère une rupture, une opposition entre ce qui serait yin et ce qui serait yang. Les commentaires qui généralement l'accompagnent insistent sur cette distinction ; le yang, représenté par la zone en noir, est lié au ciel, au sexe mâle, aux montagnes, aux nombres impairs ; le yin, représenté par la zone blanche (ou colorée), est lié à la terre, au sexe féminin, aux vallées, aux nombres pairs. Cette description donne l'impression d'un antagonisme entre deux parties de l'univers, le développement de l'une entraînant le recul de l'autre.

Le dessin, à la différence de ce qu'exprime le discours, montre l'interdépendance, mais surtout la solidarité des contraires ; ils ne trouvent chacun existence que par l'existence de l'autre. Le yang peut être défini comme ce qui n'est pas yin, et réciproquement. Les deux petits cercles, noir au cœur du blanc, blanc au cœur du noir, manifestent la présence de l'opposé à l'intérieur de chacun de ces contraires. Ainsi, l'amour et la haine ne peuvent être conçus l'un sans l'autre, ni même être vécus sans que chacun ne soit présent dans le cheminement de l'autre.

Nous ne sommes pas face à des réalités indépendantes ; nous sommes en présence de deux représentations du même objet, nous adoptons deux points de vue sur une même entité qui se complètent l'un et l'autre. Aussi certains scientifiques, tel Fritjof Capra, font-ils le lien entre la pensée bouddhiste et la description de la réalité subatomique proposée par la physique quantique : les particules, tout en étant une seule réalité, se manifestent, selon le schéma expérimental mis en place pour observer leur comportement, aussi bien comme des grains de matière que comme des ondes. De même, en physique relativiste, l'espace et le temps, qui avaient été conçus comme deux repères distincts où situer les événements, ne sont plus que deux composants interdépendants d'une entité globale, l'espace-temps.

Cette complémentarité des contraires n'est-elle pas illustrée également par les gravures de Max Eischer, par exemple celle où des oiseaux qui volent vers la droite sont en fait délimités par des oiseaux semblables qui volent vers la gauche ?

Certes, mais il faut noter une différence essentielle. Dans la gravure d'Eischer, la foule des oiseaux pourrait s'étendre à l'infini ; le dessin n'a pas de limite imposée par sa structure propre. Le schéma du yin et du yang au contraire est situé dans un cercle qui est son armature ; sans lui il se dissout, il perd tout sens. Ce cercle, symbolisant la totalité du réel, est la forme que, quatorze siècles avant Jésus-Christ, le pharaon Akhenaton avait choisi pour représenter le dieu unique qu'il voulait substituer à la multitude des dieux égyptiens. Ce cercle était le Soleil sans doute, mais il était surtout la figure parfaite qui englobe tout ce qui existe.

Remarquons cependant qu'il est sans doute inopportun de mêler le concept de Dieu à ces réflexions. Par définition, il est évoqué comme extérieur à l'univers qu'il a créé, tandis que l'univers est défini comme la totalité de ce qui existe ; la logique nécessite alors d'admettre que « Dieu n'existe pas », ce qui rend son évocation contradictoire. Nous retrouvons ici un exemple de l'impossibilité de transmettre certaines intuitions ou certaines émotions en utilisant les mots. Que nous contemplions le dieu Aton, le Soleil, ou le yin et le yang, laissons se développer en nous le cheminement intérieur spontané des images et des idées que l'on appelle méditation.

Zénon d'Élée

« Ni la contradiction n'est
marque de fausseté, ni
l'incontradiction n'est
marque de vérité. »

PASCAL

*Achille sur la plage court vers une tortue qui fuit; lorsqu'il
sera à l'emplacement où est la tortue maintenant, celle-ci sera
un peu plus loin; lorsqu'il atteindra ce second emplacement,
elle n'y sera plus; de même au troisième et à tous les suivants,
donc il ne la rattrapera jamais. Comment résoudre ce célèbre
paradoxe ?*

En développant ce raisonnement, Zénon d'Élée, au
Vᵉ siècle avant Jésus-Christ, voulait donner des arguments
à son maître, Parménide, qui affirmait l'impossibilité du
mouvement.

Mais la difficulté logique n'est qu'apparente, elle résulte
d'une utilisation fautive du mot « jamais ». Certes, en décrivant de cette façon les étapes de la course d'Achille, je ne
parviendrai jamais au terme de mon énumération, car
chaque étape ne couvre qu'une partie de la distance, si
petite soit-elle, qui subsiste entre la tortue et son poursuivant. Ma description, c'est vrai, ne finira jamais. Mais cela
n'implique nullement que l'événement décrit n'aura pas
une durée finie. Il y a confusion entre la durée d'un événement et la durée du discours que l'on tient pour le décrire.

Admettons par exemple que la tortue soit capable de parcourir un mètre par seconde, tandis qu'Achille court dix fois plus vite. Lorsqu'il commence sa course, la distance entre eux est, disons, de dix mètres. La première étape durera donc une seconde, la seconde étape un dixième de seconde, la troisième un centième de seconde, la énième $1/10^{n-1}$ s... La durée totale est donc le résultat d'une addition d'un nombre infini de termes :

$$D = 1 + 1/10 + 1/100 + 1/1000 +... + 1/10^n +...$$

Mais le total ainsi obtenu n'est pas infini, il est égal à dix neuvièmes de seconde. (Il suffit pour le constater de multiplier D par $(1 - 1/10)$ et d'observer que tous les termes qui suivent le 1 initial s'annulent ; donc $9/10\ D = 1$.)

Il n'y a là rien de mystérieux ; nous sommes en présence de ce que les mathématiciens appellent une série convergente. Le nombre des éléments qui la constituent est infini, mais leur somme est finie. Le paradoxe a disparu.

Ce détour par les mathématiques n'occulte-t-il pas une réelle difficulté dans notre représentation du monde réel ?

La véritable difficulté vient de la texture discontinue de ce réel. Pour le mathématicien, un nombre, si petit soit-il, peut toujours être divisé ; les termes en lesquels la durée D est analysée jouent chacun leur rôle pour obtenir le total. Si l'on revient à un univers concret, l'opération consistant à diviser correspond à la séparation d'un objet en plusieurs constituants. Or cette séparation n'est pas indéfiniment possible. Un grain de sable peut être découpé en grains plus petits, qui eux-mêmes... Mais viendra un stade où l'on rencontrera l'insécable, noyau atomique il y a un siècle, nucléon dans les années 1930, quark aujourd'hui. Certes cet insécable semble reculer d'année en année, mais la physique quantique nous montre l'existence de murs qui nous empêcheront définitivement de poursuivre notre chemin vers l'infiniment petit. Cela est vrai pour l'énergie, pour la masse et même pour la durée. Le « temps de Planck », d'une durée de $4,5.10^{-44}$ seconde, représente la plus petite durée ayant un sens physique ; en dessous, le concept de simultanéité perd sa signification.

Mais cela, au siècle de Périclès, Zénon ne pouvait guère le soupçonner.

INDEX

GLOSSAIRE

BACHELARD, Gaston (1884-1962). Il a enseigné les sciences et la philosophie. Son œuvre comporte deux volets : la poésie et la science. Il a analysé les « obstacles » épistémologiques qui sont à l'intérieur de la pensée et convoqué la « philosophie du non » pour marquer son apport à une dialectique de la connaissance qui refuse tout dogmatisme et toute conception figée de la raison. Il a réhabilité l'imaginaire comme créateur de réalité. Son apport fondamental est d'avoir analysé les « obstacles » épistémologiques qui sont à l'intérieur même de la pensée c'est-à-dire toutes les représentations empêchant une science donnée de poser correctement les problèmes à un moment donné.

BERGSON, Henri (1859-1941). Le point de départ de sa philosophie est la découverte de la durée. Il oppose un temps abstrait au temps réel qu'il nomme « durée ». La durée est le temps concret, le temps qualitatif, le temps hétérogène à la différence du temps abstrait, quantitatif, homogène, mesuré et calculé des physiciens. La durée présente trois caractères principaux : la continuité, l'indivisibilité et le changement. Elle est donc imprévisible, et c'est en elle que réside la liberté.

BOHR (1885-1962). Physicien danois. Il a établi le principe de complémentarité, selon lequel un objet quantique ne peut à la fois être décrit en termes d'ondes et de particules.

CRICK et WATSON. Biologistes britanniques qui ont découvert la structure en double hélice de l'acide désoxyribonucléique (prix Nobel 1962).

DESCARTES, René (1596-1650). Philosophe français. Il est en quête d'une vérité certaine, qu'on ne puisse remettre en doute. Or, ni l'existence des choses ni la nécessité des démonstrations scientifiques ne résistent à l'épreuve du doute. La première certitude qui résiste au doute est celle de la pensée : *cogito*, « je pense ». Pour que le doute soit possible, il faut d'abord quelqu'un qui doute : le doute suppose la pensée qui suppose à son tour un sujet existant qui la pense : « Je pense donc je suis. » La présence immédiate à soi du sujet pensant, c'est-à-dire la conscience, devient ainsi le fondement de toute vérité possible.

EINSTEIN, Albert (1879-1955). Physicien allemand naturalisé américain. Il est l'auteur de la théorie de la relativité dans laquelle il révise profondément les concepts d'espace et de temps et établit l'équivalence de la masse et de l'énergie ($E = mc^2$). Il lutta très activement contre la prolifération des armes nucléaires.

FERMAT, Pierre de (1601-1665). Mathématicien français. On ignorait jusqu'à une période récente si son « dernier théorème » était exact car sa démonstration ne nous est pas parvenue.

GALOIS, Évariste (1811-1832). Mathématicien français. Il a fait des recherches sur le rôle des « groupes » dans la résolution dans les équations algébriques. Il est mort en duel à l'âge de vingt ans. La nuit qui préceda son duel, il résuma, dans sa *Lettre à Auguste Chevalier*, sa théorie des équations algébriques. La notion de « groupe » a pris une place très importante dans l'algèbre moderne.

GÖDEL, Kurt (1906-1978). Logicien et mathématicien américain, il est l'auteur de deux théorèmes selon lesquels une arithmétique non contradictoire ne saurait former un système complet, car la non-contradiction constitue dans ce système un énoncé indécidable.

LACAN, Jacques (1901-1981). Médecin psychiatre et grand psychanalyste. Il fonde en 1964 l'École freudienne de Paris, qu'il dissout en 1980 et remplace par la Cause freudienne.

NEWTON, Isaac (1642-1727). Physicien, mathématicien et astronome anglais. Il découvrit la loi de l'attraction universelle.

OPPENHEIMER, Julius Robert (1904-1967). Physicien américain, auteur de travaux sur la théorie quantique de l'atome. Il joua un grand rôle dans les recherches nucléaires.

PASCAL, Blaise (1623-1662). Né à Clermont-Ferrand. Dès l'âge de dix-sept ans, il publie un essai de géométrie, et en 1642 il fait construire l'une des premières machines à calculer. Il correspond avec Pierre de Fermat au sujet de la « règle des partis », question qui est à l'origine du calcul des probabilités.

POINCARÉ, Henri (1854-1912).Mathématicien français de première importance. Il a découvert les fonctions fuchsiennes.

PRIGOGINE, Ilya (1917). Chimiste et philosophe belge (d'origine russe). Il a mis en lumière la valeur créative des phénomènes aléatoires. Il a construit une nouvelle méthodologie (*La Nouvelle Alliance*) pour la démarche scientifique.

PROMÉTHÉE. Un des Titans. Il déroba le feu aux dieux, qui se le réservaient, et l'apporta aux hommes.

RIEMANN, Bernhard (1826-1866). Mathématicien allemand. Il a développé l'idée d'une géométrie dans laquelle on ne peut mener par un point aucune parallèle à une droite. C'est Lobatchevski (Nikolaï Ivanovitch, 1792-1856), mathématicien russe, qui le premier avait exposé l'idée d'une géométrie non euclidienne (dite géométrie « imaginaire » ou « pangéométrie »).

ROSTAND, Jean (1894-1977). Biologiste, auteur de livres sur la place de la biologie dans la culture humaniste.

RUSSELL, Bertrand (1872-1970). Professeur à Cambridge, il consacre sa vie à la réflexion théorique sur la logique, les mathématiques et la philosophie de la connaissance. Il participe également à l'action politique : en 1914, il est pacifiste et s'oriente vers un socialisme humaniste, libéral et laïque. Il écrit de nombreux ouvrages dont *Signification et Vérité* (1940).

WATSON. Voir CRICK.

TABLE DES MATIÈRES

Achevé d'imprimer
pour le compte de Québec-Livres
en janvier 1997